L'ENFANT ET LE SAVOIR

D'OÙ VIENT LE DÉSIR D'APPRENDRE ?

Du même auteur

Un trauma bénéfique :
« la névrose infantile »
Éd. du champ lacanien, 2006

MARTINE MENÈS

L'ENFANT ET LE SAVOIR

D'OÙ VIENT LE DÉSIR D'APPRENDRE ?

Préface de Serge Boimare

ÉDITIONS DU SEUIL
25, bd Romain-Rolland, Paris XIVᵉ

ISBN 978-2-02-096012-0

www.seuil.com

« L'homme est dans l'ignorance au premier âge de sa vie ; mais il s'instruit sans cesse [...] car il tire avantage non seulement de sa propre expérience mais encore de celle de ses prédécesseurs, parce qu'il garde dans sa mémoire les connaissances qu'il s'est une fois acquises, et que celles des anciens lui sont toujours présentes dans les livres qu'ils ont laissés [...] Un homme [...] apprend continuellement... »

Blaise Pascal,
Préface sur le traité du vide (1651)

Préface

Un enfant sur quatre rencontre de sérieuses difficultés pour accéder aux savoirs de base que lui propose l'école. Il a beau être aussi intelligent et aussi curieux que les autres, il n'arrive pas à se mettre véritablement dans la position de celui qui apprend.

L'instabilité, l'inhibition, l'angoisse, le doute excessif, viennent le troubler et le dérégler quand il veut mettre à l'œuvre le comportement et les compétences indispensables à l'étude.

Les enseignants, les parents, les éducateurs, sont déstabilisés et souvent découragés par ces attitudes qu'ils ne comprennent pas. Ils finissent par douter aussi de leur capacité à transmettre le savoir. Parfois même, ils vont jusqu'à basculer, eux aussi, dans l'empêchement de penser et la peur d'éduquer.

Pour leur redonner le moral et le plaisir d'enseigner, on ne peut que leur conseiller la lecture de ce livre. Martine Menès, avec son regard de psychanalyste, aiguisé par une pratique en Centre médico-psycho-pédagogique (CMPP) particulièrement riche, nous explique avec beaucoup de finesse les fondements du rapport humain au savoir.

Comment apparaît et s'entretient le désir d'apprendre ?

Comment naissent l'envie de savoir et la curiosité intellectuelle ?

Ces questions clés reviennent tout au long de l'ouvrage. Elles nous font bien comprendre que le chemin qui mène de la curiosité à la capacité de créer et de penser, indispensable à l'apprentissage, n'est pas toujours un long fleuve tranquille. Les non-dits, les secrets de famille, peuvent inhiber le fonctionnement intellectuel, voire parfois le pousser vers l'interdit de savoir. Le besoin de dépendance infantile, le refus des limites, la peur de l'abandon ou de la perte d'amour peuvent empêcher d'accéder à ces rencontres avec la règle, avec le manque, avec la solitude, qui sont les contraintes naturelles de l'apprentissage.

Au moment où la pédagogie marque une tendance nette à se replier sur elle-même en cherchant à tout expliquer par le manque de connaissances, quand ce n'est pas par les défaillances organiques ou génétiques, Martine Menès ouvre des pistes particulièrement intéressantes pour relancer la réflexion sur l'aide qui doit être proposée à ceux qui acceptent mal de recevoir des autres.

Qu'il soit parent, professeur, éducateur, chacun, après cette lecture, aura compris, quand il est confronté à un enfant ou à un adolescent réfractaire à l'apprentissage, qu'il ne sert à rien de courir derrière les lacunes et les déficits. Si l'activité cognitive a à voir avec une logique, c'est avec celle de l'inconscient ; il faudra donc l'engager aussi dans les actions qui visent à mobiliser les compétences psychiques et à relancer le désir de savoir.

Avec ce livre, Martine Menès va bien au-delà d'une réflexion sur les avatars du désir de savoir. Elle nous emmène aussi dans une aventure humaniste sur les fondements de la transmission. Souhaitons qu'elle soit entendue à une époque où le besoin de résultats immédiats pousse à vouloir réduire le sujet à son trouble. C'est au contraire en le regardant dans la globalité de sa personne que nous lui montrerons que le savoir est à prendre.

Serge Boimare
Psychopédagogue, ancien directeur du CMPP
Claude-Bernard, auteur de nombreux ouvrages
sur les apprentissages

Introduction

Plus d'un enfant sur dix n'arrive que péniblement à acquérir le minimum requis de la scolarité élémentaire, en particulier la lecture[1]. Préoccupation majeure des parents et des pédagogues, l'échec scolaire est par excellence le révélateur d'un rapport entravé au savoir.

« Elle ne veut rien apprendre », « Il ne veut rien savoir »... Qui n'a jamais entendu ces formules plus ou moins chargées d'inquiétude et d'exaspération à propos d'enfants en difficultés scolaires, à la traîne dans les apprentissages pour lesquels ils manifestent plus ou moins ouvertement un désintérêt ?

Quand un enfant semble incapable d'assimiler des connaissances, est-ce vraiment qu'il ne peut pas ? – et si c'est le cas, pourquoi ? Ou est-ce parce que cela ne l'intéresse pas comme il peut parfois le manifester ? Est-ce une forme de refus d'être enseigné, de ne pas déjà tout savoir ? Ou bien lui manque-t-il le moteur qui le pousserait vers les apprentissages – et dans ce cas comment l'expliquer ?

Pourquoi les difficultés d'apprentissage s'installent-elles de façon massive chez certains enfants quand d'autres au

1. Depuis 2004, sur le nombre de jeunes appelés présents à la Journée d'appel de préparation à la défense (JAPD), plus de 11 % ont des difficultés importantes de lecture.

contraire manifestent pour les apprentissages une vive appétence ? Qu'est-ce qui explique que parfois les blocages des premiers se défassent, ou que les seconds butent sur un obstacle invisible ?

La thèse de ce livre est que pour apprendre, il faut désirer apprendre. Au cœur du processus d'apprentissage est le désir, cette force singulière qui caractérise l'être humain et oriente sa vie. « Il n'y a de rapport au savoir que d'un sujet, et il n'y a de sujet que désirant » écrit Bernard Charlot, chercheur en sciences de l'éducation et auteur d'un livre sur cette question[1]. Le rapport au savoir s'appuie en effet sur le désir, dont le désir de savoir – l'envie d'apprendre – n'est qu'une manifestation. Cette connexion dure et évolue toute la vie. Elle s'appuie sur ce que Freud nommait *libido*, terme qui n'a souvent été entendu que dans un sens sexuel alors qu'il désigne l'ensemble de l'énergie vitale, psychique, qui pousse chacun à aimer, certes, mais aussi à inventer sa vie, à apprendre, à choisir telle ou telle profession, à faire des enfants éventuellement, etc.

Se demander comment un enfant peut « prendre le savoir », se l'approprier, l'apprendre, c'est donc s'interroger sur l'histoire au cours de laquelle son désir s'est constitué. Cette histoire est marquée à la fois par les étapes du développement psychique que traverse tout enfant, et par des événements absolument singuliers dont les traces et les effets, pas tous conscients, peuvent influer sur tous les domaines de l'existence, parmi lesquels l'apprentissage. C'est cette articulation entre le désir, le désir de savoir, et le rapport au savoir qui est au cœur de ce livre.

Comment naît et se développe le désir d'apprendre ?

1. B. Charlot, *Du rapport au savoir, Éléments pour une théorie*, Anthropos poche, Paris ; Rééd. 2005.

Quelles sont les conditions qui facilitent ou entravent la curiosité intellectuelle, le goût des acquisitions, le plaisir de la recherche, l'invention de solutions ? Comment le désir d'apprendre trouve-t-il ses racines dans l'énergie liée au désir ? Comment y bute-t-il contre des empêchements ? Autant de questions auxquelles nous allons tenter d'apporter des éclaircissements.

La nécessité d'apprendre s'impose à chaque instant de l'existence, sauf à stagner dans un état de survie sans appétit ni espérance. L'objectif de ce livre est de sensibiliser à la complexité de cet acte afin de pouvoir aborder de façon plus adaptée les difficultés tout autant que les particularités de certains jeunes, et moins jeunes, face à toute démarche où le rapport au savoir est en jeu. Il s'adresse à tous ceux et celles, parents, enseignants, pédagogues, éducateurs au sens large du terme, qui accompagnent les enfants vers les savoirs. Chacun d'entre nous a été un enfant qui a dû cheminer dans et par les voies de l'apprentissage. C'est dire combien nous parle la question qui motive ce travail : « Comment savoir… ? »

En arrière-plan de la réflexion que je déploie au long de ce livre, il y a l'orientation psychanalytique qui a guidé les accompagnements des enfants, ceux dont je parle ici et bien d'autres. Tous m'ont beaucoup appris. Je les en remercie, ainsi que leurs parents qui m'ont fait suffisamment confiance pour partager un peu de leur histoire et pour faire un bout de chemin avec moi.

1

Qu'est-ce que le rapport au savoir ?

Le savoir, à la fois objet et acte

Le mot « savoir » désigne à la fois un objet : ce que l'on sait, et un acte : savoir quelque chose.

Le savoir comme objet

En tant qu'objet visé, objet à prendre ou à apprendre, le savoir recouvre un ensemble infini d'acquisitions possibles, ensemble ouvert et sans cesse renouvelé de connaissances d'ordre théorique, et non somme acquise une bonne fois pour toutes. Le rêve de Diderot établissant au XVIIIe siècle une encyclopédie universelle, tout comme la moderne prétention des moteurs de recherche d'Internet à contenir tout le savoir du monde, se heurtent à un impossible. Il y aura en effet toujours quelqu'un, quelque part, pour inventer de nouvelles connaissances qui deviendront un nouvel objet de savoir.

Il en va de même dans le champ des apprentissages pratiques, de ce que l'on appelle les savoir-faire, eux aussi infinis puisqu'en perpétuelle évolution. Quelle musique Mozart aurait-il composée avec un logiciel de création musicale ?

Selon cette première signification, le mot « savoir » peut

être considéré comme un avoir, l'équivalent d'un bien que l'on possède ou que l'on pourrait posséder. De ce fait, il prend la valeur d'un pouvoir, d'un instrument permettant la réussite, voire une forme de domination. Ainsi certains pensent pouvoir le garder jalousement tandis que d'autres se réjouissent de le partager ; d'autres vont imaginer qu'il n'appartient qu'à des privilégiés, des chanceux, auxquels il donne une valeur particulière. Il faudrait alors le voler ou bien le recevoir en cadeau pour en jouir à son tour. Toutes ces représentations projetées sur le ou les savoirs ont des effets sur la capacité à s'en approcher, inhibant ou interdisant tout mouvement d'appropriation fluide. La valeur attribuée au savoir des autres influe sur la constitution de son savoir propre et la valeur qu'on lui accorde. Pourtant, le savoir comme objet a cette capacité surprenante de se partager à l'infini sans jamais perdre de sa consistance. Il ne se donne pas ; au mieux il est proposé, enseigné, transmis. Et il peut être pris, appris. Il n'est pas une propriété privée mais le bien commun d'une collectivité construite et unifiée autour d'une culture. Il est le produit, l'héritage, de toute la chaîne des transmissions plus ou moins repérables issues des générations qui nous précèdent. Entrer dans le processus du savoir, c'est entrer dans un infini, et renoncer à être omniscient ; c'est aussi se situer par rapport à l'autre, dans une filiation et une transmission qui signifient l'acceptation d'une certaine dépendance à ceux qui nous précèdent.

Le savoir comme acte

Dans son deuxième sens, le verbe « savoir » désigne un processus régulier et permanent, celui qui consiste à exercer son aptitude à connaître du nouveau et à solliciter ses connaissances acquises. Savoir permet d'articuler ce qui s'apprend et ce qui a été appris. C'est une disposition qui dépasse largement l'activité d'apprentissage, laquelle peut être strictement mécanique.

C'est ce que réalise Michel, âgé d'environ 25 ans. Pendant plusieurs années il a erré de petit boulot en petit boulot, jamais satisfait. La succession des échecs l'incite, sur le conseil d'un proche, à se faire aider. Durant un certain nombre de séances, il s'interroge sur sa soumission aux autres, son manque de volonté et de désir personnel qui l'ont maintenu dans une vie terne. Cette mise en question lui permet de se rendre compte que c'est ainsi qu'il a mené ses études ; il apprenait par cœur sans chercher à comprendre, simplement pour satisfaire à l'exigence des autres, en l'occurrence les professeurs. Cela lui a permis de réussir de justesse au baccalauréat, mais pas de poursuivre ses études au-delà, où une capacité de réflexion personnelle est requise. Il ne s'était pas approprié le processus de savoir, pas plus son but que son sens.

C'est en prenant conscience de cette position passive dans l'existence qu'il découvre en lui un désir qu'il mettra en acte progressivement, en particulier en choisissant une formation qui lui convient et où il réussit à comprendre ce qu'il apprend.

Étymologiquement, « comprendre » signifie « prendre avec soi ». C'est là tout l'enjeu du savoir : pouvoir s'en servir en l'ayant intégré, assimilé, fait sien. L'acquérir sans le prendre pour soi, sans qu'il satisfasse ni curiosité ni désir propres, peut finalement aboutir à un non-savoir, un savoir vain, sans dimension de réflexion, alors que l'acte de savoir suppose la possibilité de penser, y compris d'interroger, voire de critiquer le savoir construit, le savoir-connaissance tout comme le savoir-faire. Apprendre requiert une appropriation personnelle des connaissances jusqu'à avoir la possibilité d'en interroger la pertinence[1], que ce soit par la discussion, par la mise en question ou par l'innovation. « Science sans conscience n'est que ruine de l'âme » écrivait déjà Rabelais au XVIe siècle dans *Pantagruel.*

Le sujet apte à savoir a pris la distance nécessaire par rapport à ce qu'il a reçu, appris, retenu. Il est devenu capable de se différencier de ce dont il hérite tout en s'y reconnaissant et il est en mesure de le mobiliser pour réaliser ou conduire ses projets.

À chacun son rapport au savoir

L'expression « rapport au savoir[2] » désigne l'ensemble des relations affectives, cognitives, psychiques, pratiques que le sujet confronté à la nécessité d'apprendre entretient avec les objets de connaissance du monde qui l'environne. Le rapport au savoir se caractérise par un état de curiosité ouverte, une envie d'apprendre, de découvrir, de retenir. L'expression ne désigne pas l'ensemble des connaissances acquises, mais une disposition plus ou moins développée, qui s'établit précocement et peut se modifier au cours

1. La capacité de penser dérange, car le vrai pouvoir qu'elle donne est celui de résister. C'est pourquoi toute activité de pensée autonome représente un risque pour un pouvoir totalitaire, comme le décrit magistralement George Orwell dans *1984* et comme l'histoire en a donné de nombreuses illustrations, depuis le régime nazi qui brûlait les œuvres de Freud jusqu'aux régimes obligeant les opposants à « se repentir » publiquement lors de procès arrangés.

2. L'expression serait récente (1960). Elle apparaît à peu près à la même époque dans les deux champs qui nous intéressent principalement ici : la psychanalyse et la pédagogie.

d'une existence et devenir plus active ou au contraire plus retenue.

Le rapport au savoir est singulier, différent pour chacun. Il se construit, s'enracine dans l'histoire précoce du sujet considéré dans toutes ses dimensions, cognitives autant qu'affectives et psychiques, toutes intervenant dans la façon dont on peut s'emparer des connaissances. C'est par ce processus actif et créatif que les connaissances proposées par la famille, l'entourage, la société, l'école sont intégrées, modifiées, repensées, pour créer son propre rapport au savoir. Cette acquisition est plus ou moins facilitée par les conditions de la transmission. Les connaissances doivent passer de l'un à l'autre[1] pour être intégrées, modifiées, repensées. Le savoir reconstruit devient différent ; il devient celui du sujet qui l'a acquis et intériorisé, parfois durement, parfois sans même s'en apercevoir. L'être humain peut en effet apprendre de différentes manières, spontanément, consciemment ou sans le savoir (inconsciemment). Et d'un même objet, d'une même situation, les uns et les autres ne tireront pas la même connaissance. Car c'est l'apprenant qui engendre le savoir, le fabrique, le produit, l'invente à sa façon à l'occasion de chaque expérience que lui offre la vie, source inépuisable d'apprentissages.

En outre le contexte affectif, avec ses effets plus ou moins conscients, influe sur le libre exercice du rapport au savoir, par exemple lorsqu'il est chargé d'un message contradictoire comme dans le cas de Mélanie.

Cette jeune fille de 17 ans se consacre à l'étude du piano. Malgré une très bonne connaissance de la musique, une sensibilité musicale et une dextérité suffisante dans le jeu, elle rate systématiquement toutes les auditions

1. Il serait plus juste d'écrire « de l'autre à l'un ».

publiques. Elle vient m'en parler après l'échec au dernier examen du conservatoire, car elle souhaite s'y présenter à nouveau. Elle a l'idée que ses ratages sont en lien avec la place de la musique dans sa famille.
Elle raconte : son père est un très bon pianiste amateur, mais il aurait souhaité se consacrer à sa passion de la musique et il a toujours encouragé sa fille dans cette voie. Sa mère au contraire dit ne pas s'y intéresser du tout, dénigre son mari en lui reprochant le temps qu'il passe à jouer du piano plutôt qu'à bricoler dans la maison. Ma jeune patiente s'aperçoit que c'est pour sa mère une façon indirecte de dévaloriser cet homme qu'elle critique à la moindre occasion.
Les parents de Mélanie se sont pourtant mis d'accord pour que leur fille prenne des leçons de piano, puis fréquente le conservatoire et un lycée où l'enseignement musical a une place prépondérante.
Mélanie, malgré son goût réel pour cette activité et un certain talent, échoue. Elle fait l'hypothèse qu'elle s'est trouvée écartelée entre ses parents, se sentant obligée à un choix qui lui était impossible. Si sa mère a accepté qu'elle se consacre au piano, la jeune fille perçoit cette décision comme antinomique au message qu'elle a par ailleurs déduit de ses propos réitérés : jouer bien du piano serait être minable... comme son père l'est aux yeux de son épouse.
Dans ce contexte, Mélanie ne peut manifester publiquement ses capacités musicales. Ce serait révéler, aux yeux de tous, la faute dont l'accuse implicitement sa mère : ressembler à son père.

Mélanie est soumise à l'ambivalence de sa mère, qui soutient la demande de sa fille mais semble désirer l'inverse. Il reste cependant une part de liberté à la jeune pianiste, et c'est en cela que la position subjective est déterminante. Le rapport au savoir, ici un savoir-faire doublé d'un savoir théorique car l'exercice de la musique s'accompagne d'acquis en solfège, suppose toujours une forme de décision. Mélanie aurait pu réagir tout autrement si elle s'était souvenue de son désir. Sa position d'échec répondait au vœu secret de sa mère, tandis que son obstination à continuer à pratiquer le piano et à se présenter aux concours témoignait d'une forme de reconnaissance envers son père. Elle se souvient qu'enfant elle enviait ses amies qui allaient ensemble au cours de danse, mais qu'elle n'avait émis qu'une fois, faiblement, le désir d'abandonner les leçons de piano au profit de cette autre activité. Et devant les réticences de son père, elle avait renoncé. Ce renoncement s'étendra à l'ensemble du domaine des connaissances. Élève moyenne, étudiante passable, jeune femme inhibée, c'est en cours d'analyse qu'elle réussira à abandonner une position où elle ménage les autres au prix du renoncement à ses propres désirs. Elle pourra alors mener jusqu'à leur terme des études qui lui permettront d'exercer le métier de son choix. Celui-ci n'est pas sans rapport avec son histoire personnelle, puisqu'elle devient enseignante spécialisée dans une structure recevant des enfants ayant des difficultés d'apprentissage en lien avec des problèmes psychologiques.

Pas de savoir sans désir

Les enfants apprennent à des rythmes différents, montrent plus ou moins d'aptitudes à la mémorisation, à l'analyse, à l'abstraction ; certains butent sur des disciplines aisément accessibles à d'autres. Mais ces différences mêmes révèlent un aspect essentiel du rapport au savoir : les facultés cognitives ne sont pas seules actives, loin de là. Leur mise en œuvre comme leur développement dépendent de ce qui entre en jeu dans la construction de la personnalité. Prédispositions aux apprentissages, elles peuvent être facilitées ou au contraire entravées par la façon dont l'enfant se constitue en tant que sujet de désir, accède à la parole et aux relations à l'autre. Même les aptitudes qui paraissent innées s'inscrivent dans la complexité singulière d'une personnalité et s'y déploient, ou non, selon la façon dont les nourrissent les influences extérieures.

Au cœur de la personnalité interfère en silence « cet étranger familier »[1] qui s'appelle l'inconscient. Il est constitué des restes déposés par les premières paroles entendues, des premiers mots d'abord incompris car ils arrivent à l'oreille du bébé comme des sons plus ou moins modulés, comme une mélodie orale, avant de prendre un sens. L'inconscient se constitue aussi à partir des premières rencontres, des premières expériences, des premières amours, et continue à s'alimenter de cette façon tout au long de l'existence. Le désir de savoir relève de ce noyau méconnu qui anime le sujet.

L'inconscient n'est pas, comme on se le représente souvent, une sorte de sac rempli d'expériences et de souvenirs prêts à resurgir, bons et mauvais. Certes, il est construit pour partie d'oublis, sous l'impulsion du refoulement qui efface de la mémoire du vécu et des pensées. Le refoulement est un mécanisme de défense normal qui fonctionne en permanence chez tout un chacun sans qu'on le sache ni ne le maîtrise, et qui vise à écarter toute représentation

1. Expression inspirée par le titre d'un article de Freud, « L'inquiétante étrangeté », in *Essais de psychanalyse appliquée* (Paris, Gallimard, coll. « Idées », 1976) où il décrit les impressions de déjà-vu ou de déjà-vécu qui témoignent d'un retour du refoulé.

génératrice d'angoisse et de déplaisir. L'inconscient est ainsi receleur d'un fond de souvenirs qui ne peuvent revenir volontairement à la conscience mais surgissent cependant parfois à l'occasion d'une association d'idées ou d'un rêve qui les réactivent. Ce fond de refoulé qui peut faire retour conditionne les relations de chacun à la vie, aux autres, au travail, à l'amour. En effet, le sujet aura une propension à agir et à réagir face aux multiples circonstances de sa vie, qui sera fonction des réactions vécues au cours de ses expériences originelles, enregistrées plus ou moins à son insu. L'inconscient est une mémoire sans souvenirs conscients, et pourtant active. C'est particulièrement explicite dans les phénomènes de répétition dont chacun peut avoir, *a minima*, une petite expérience. Sans le vouloir, et même la plupart du temps en voulant consciemment tout à fait le contraire, tel sujet se retrouve quasi systématiquement dans une situation semblable à celle qu'il redoute.

Lorsque je reçois Éric pour la première fois, il a environ 8 ans. Lui et sa famille sont très inquiets car l'instituteur vient de lui annoncer qu'il ne passerait pas en CM1. Je remarque tout de suite sa façon particulière de s'exprimer : il passe du coq à l'âne, parle sans cesse, au point qu'il est très difficile d'interrompre son flot de paroles. Il me signale très vite qu'il est angoissé. Je lui demande ce que cela veut dire et il me donne une assez bonne définition de l'angoisse : « C'est avoir peur mais pas savoir de quoi » et ajoute : « Il n'y a pas beaucoup d'enfants de ma sorte. » Après quelques mois de psychothérapie, il est suffisamment apaisé grâce à un certain nombre de rites qu'il met en œuvre (propreté, rangement) et dont la répétition à l'identique l'occupe et calme son anxiété. Surtout il réussit à passer en CM1,

ce qui provoque l'interruption de la prise en charge par les parents.
Il revient me voir à 13 ans, alors qu'il est à nouveau en échec scolaire après un désaccord grave avec un copain qui lui servait de modèle. Il est perdu, ne sait plus que faire face à la demande scolaire. Une école privée l'accepte en classe de 3e. Nouvelle interruption de la psychothérapie.
Vers 15 ans, il revient quelques séances pour parler de « son côté égaré ». Il ne sait pas vers quelle filière s'orienter, et finit par laisser choisir ses parents.
Il revient de sa propre initiative vers 19 ans et entreprend un travail psychothérapeutique plus constant. Il vient d'échouer à l'École Normale. Y être accepté l'aurait rassuré sur sa « normalité », explique-t-il. C'est ce signifiant, « norme », qui l'a poussé à passer le concours, pour être dans la norme comme ses parents souhaiteraient qu'il le soit. Il tente alors de nouveaux concours, échoue à tous, jusqu'à ce qu'il accepte de suivre une formation où il n'a pas à affronter le jugement des autres. C'est ainsi qu'il réussit enfin à rompre avec le cycle des répétitions d'échecs.

L'inconscient est aussi le lieu d'un fonctionnement mental permanent, en arrière-plan de toute activité consciente. Les rêves, les lapsus, les actes manqués ouvrent la voie vers cet appareil psychique et peuvent en donner quelques contenus plus ou moins explicites. Ainsi l'inconscient influence le conscient en provoquant des associations d'idées inattendues, en fournissant des représentations, des sensations, voire des désirs enfouis qui peuvent amener à des réactions inverses de celles attendues. Un exemple cité par Freud est devenu célèbre, d'autant que nous sommes nombreux à l'avoir vécu de près ou de loin. Un orateur doit ouvrir une journée de travail dans un lieu public ; mais, « stressé » comme on dit aujourd'hui au lieu d'employer le terme « angoissé », et donc pressé d'en finir, il déclare tout de go à la place de la formule d'usage « la séance est ouverte » : « La séance est close[1]. » L'inconscient de l'orateur lui a permis d'exprimer son désir réel, immédiat.

L'inconscient s'arrange au mieux pour faire oublier ce qu'il convient d'oublier afin de laisser l'esprit apaisé et de permettre la libre circulation du désir. C'est un travailleur infatigable, il est toujours éveillé. Il est d'ailleurs possible d'avoir une petite idée de la façon dont il intervient dans l'activité cognitive : qui ne s'est endormi avec une question, un écrit à ordonner, et même un problème de mathématique, dont la résolution se présente spontanément au réveil ? Le rêveur possédait sans le savoir les éléments pour construire sa réponse et son inconscient les lui a rappelés, et les a mis en œuvre.

Le fonctionnement de cet appareil psychique présente des constantes. Les expériences précoces de l'enfant se déposent en sédiments que la psychanalyse appelle aussi « savoir ». Mais ce premier savoir n'accède pas, ou seulement en partie, à la conscience. Il reste ignoré de celui qui le porte en lui, sauf pour la part qui peut en être reconstruite au cours d'une psychanalyse personnelle. Ce savoir inconscient serait comme la culture, ce qui reste quand on a tout oublié, avec toutefois une nuance supplémentaire : le sujet ne sait pas qu'il sait. Comme Monsieur Jourdain faisait de la prose sans le savoir, le sujet utilise sans le savoir ce qu'il sait, qui est oublié mais n'a pas disparu pour autant, pour appréhender toute réalité. Le rapport au savoir s'appuie sur ce savoir initial, inscrit dans l'incons-

1. Freud S., *Psychopathologie de la vie quotidienne* (1904), « Les lapsus », Paris, Payot, coll. « Petite Bibliothèque », 2004, p. 67.

cient, qui sert à la fois de base et de fondement à tous les savoirs ultérieurs. Son contenu est, bien sûr, différent pour chacun. Peut-être cette assertion ne serait pas démentie par la conception des cognitivistes selon laquelle les savoirs acquis peu à peu ne s'empilent pas les uns sur les autres mais s'organisent à partir du réaménagement des savoirs antérieurs[1] ?

L'influence de l'inconscient sur le rapport au savoir trouve une illustration dans le fait, relativement courant, d'un parasitage de la pensée par des motifs refoulés, comme cela est arrivé à Mélanie, la jeune pianiste. Ce phénomène de blocage touche des élèves ou des étudiants d'un bon niveau d'études mais qui obtiennent des résultats médiocres aux épreuves contrôlées comme aux examens, et se défont lors des entretiens oraux. Leur capacité de penser est opérante, ils le prouvent au cours de leurs études. Mais ils « perdent leurs moyens »[2] lorsqu'ils doivent rendre compte de leurs connaissances, et pas seulement en situation d'évaluation. Le phénomène de blocage apparaît face à un autre auquel ils supposent une supériorité, une assurance, des certitudes qui en imposent et auxquelles ces bons élèves se soumettent. Ils acceptent le savoir diffusé sans critique, se plient aux apprentissages imposés sans les mettre en question. On explique généralement l'échec de quelqu'un qui devrait réussir, qui a, comme le dit une expression familière, « tout pour réussir », par une manifestation issue des profondeurs de son inconscient. Le désir conscient de

1. Pour en savoir plus sur le débat entre inné et acquis quant aux processus d'apprentissage, lire dans *Théories du langage, Théories de l'apprentissage*, Paris, Seuil, 1979, les échanges entre Jean Piaget et Noam Chomsky.

2. Notons que l'expression « perdre ses moyens » contient une équivoque qui lui donne un sens sexuel. Peut-on se permettre de poser l'hypothèse que faire ses preuves dans le domaine de la pensée ressort des mêmes conditions que les faire dans le domaine de la rencontre sexuelle ?

l'étudiant est clairement exprimé : réussir. Ses capacités intellectuelles restent intactes mais un interdit déplacé, un doute, une crainte, viennent entraver leur libre usage. Il y a un écart infranchissable entre les connaissances acquises et la possibilité de les utiliser, de les exposer. Ces « perdants » n'ont pas acquis la confiance en soi requise pour affronter une situation qui pourrait les révéler imparfaits, ni ne s'autorisent une autonomie intellectuelle suffisante pour pouvoir se distancier de l'opinion de l'autre et se risquer à avancer la leur. Qu'ont-ils peur de révéler à ciel ouvert qui leur serait impossible de penser ? Quelle inquiétude plus ou moins indépassable vient réduire leur capacité entre savoir et pouvoir faire usage de ce qu'ils savent ? Qu'est-ce qui fait que cette aptitude reste attribuée à un autre scrutateur, juge intransigeant, qui n'en permettrait pas l'usage ou le restreindrait – et avec lequel il serait impossible de se mesurer ?

Si toutes ces questions peuvent être posées, les réponses ne peuvent être que particulières, propres à chaque individu, car le rapport au savoir est toujours singulier. Seul le sujet qui souffre d'une telle gêne peut repérer quelles en sont les raisons inconscientes, à quel vécu les situations qui génèrent l'inhibition et l'angoisse renvoient et quels liens inconscients provoquent ces empêchements à se risquer. Le renoncement devant le savoir se révèle lorsque le jeune doit témoigner de ce qu'il sait, mais il s'enracine tôt dans l'histoire personnelle. Repérer le phénomène ne suffit pas, il faut pouvoir aider l'enfant à en prendre conscience et à avoir envie de le dépasser. C'est une des responsabilités des adultes en charge d'éducation.

Le début de la scolarité d'Aurélia, qui n'a que 7 ans et demi, pourrait l'illustrer. Sa mère l'amène en consultation sur le conseil de l'école car la fillette est dans

l'impossibilité de se souvenir de ce qu'elle apprend. Elle l'exprime très clairement, répondant « Je ne sais plus » ou « Je ne sais pas » à toute question.
Au cours des premiers entretiens en présence de sa mère, l'enfant papillonne dans mon bureau en ponctuant la plupart de ses gestes par des demandes adressées autant à sa mère qu'à moi : « C'est permis ça ? », « J'ai le droit de jouer avec l'eau ? », « Je peux regarder les jouets ? », etc. Sa mère, de façon bizarrement mécanique, énonce, après chaque question de sa fille, des interdits d'un ton à la fois accablé et sec. Elle évoque une sévère dépression à la naissance de sa fille qui coïncide plus ou moins avec la séparation du couple parental.
Alors qu'elle est plongée dans ses jeux et ne semble rien écouter, Aurélia déclare soudain qu'elle est obligée d'appeler son beau-père « papa » et qu'on lui a dit que son papa « à elle » était mort. Elle reçoit à cette occasion, car sa mère me le dit comme si Aurélia n'entendait pas, confirmation de ce qu'elle avait pourtant découvert : son père n'est pas mort.
Il apparaît dès lors qu'Aurélia n'est pas censée comprendre sa situation familiale et qu'il lui est interdit de manifester une quelconque curiosité, quel que soit son objet, ce qui explique son blocage devant les apprentissages. Elle reçoit des messages tellement contradictoires qu'elle est littéralement perdue. Et sa mère, qui semble l'être tout autant, s'embrouille dans des tromperies – elle évoque par exemple une maladie imaginaire pour ne pas sortir de chez elle lorsqu'elle va trop mal. Dès ce premier entretien, Aurélia demande à aller à l'école régulièrement. Sa mère en tiendra compte et trouvera une solution lorsqu'elle ne pourra l'y conduire.
Aux rencontres suivantes, Aurélia vient seule. Elle me

dit qu'en classe elle ne « comprend rien » et qu'elle se trouve « un peu bête ». Je lui déclare que ce n'est pas du tout mon impression mais qu'il doit en revanche être difficile pour elle de s'y retrouver entre ce qui est de l'ordre du particulier, des règles implicites de la vie familiale par exemple, et ce qui est de l'ordre de l'universel, des règles explicites de la vie sociale. Ainsi le mensonge est-il largement utilisé à la maison, alors qu'il est interdit à l'école. « Oui, dit-elle, ici je peux jouer avec l'eau, pas chez moi. » Et elle m'énumère les différences : la liste impressionnante des interdits à la maison au regard de ce qui est permis ailleurs ; l'absence de jouets au domicile de son père, dont elle a fait entre-temps la connaissance, alors qu'il y en a de nombreux chez elle. Mais ses remarques ne s'arrêtent pas aux constats. Elle me confie sa perplexité et sa difficulté à faire la part entre le refus de sa mère qu'elle aille chez son père et/ou le désintérêt de celui-ci. Elle conclut avec une phrase en forme de lapsus : « Il me prend papa (silence) pas. » On peut entendre aussi bien sa déception : « Il me prend pas (mon) papa » que son désir : « Il me prend papa. » Je le lui fais remarquer. Ce sera l'occasion pour elle de parler de ses sentiments contradictoires à l'égard de son père. Et elle écrit en séance pour la première fois : « papa », suivi de son propre prénom. À partir de ce moment, elle commence à intégrer la lecture.

Pourtant elle me déclarera encore : « J'arrive pas à travailler à l'école, ce qui est difficile, c'est pas simple à dire... c'est rester assise. J'ai des A et j'ai pas des A ! » L'on retrouve le « être à la fois présent et absent » caractéristique de l'attitude maternelle, le « être à la fois vivant et mort » qui caractérise le père qui, même réapparu, n'est guère plus présent auprès de sa fille. Je fais remarquer à Aurélia qu'elle dit deux choses contradictoires en même temps. Elle reste silencieuse un instant et reprend très clairement en m'expliquant qu'il lui arrive d'avoir quelquefois des A, mais pas toujours.

Son parcours thérapeutique a permis à Aurélia d'abandonner sa position de ne rien savoir du désordre qui marque ses années d'enfance. En même temps qu'elle s'est autorisée à savoir ce qu'il en est de son histoire et de sa vie, elle a pu développer sa capacité à apprendre. Sa curiosité n'est restée empêchée ni par les interdits maternels ni par l'indifférence paternelle. Elle en a pris acte avec le courage propre à l'enfance, s'en est arrangée sans s'effondrer, risque qu'elle courait en sortant de l'inhibition qui la protégeait de comprendre, et par conséquent de souffrir. Ainsi a-t-elle pu porter son intérêt sur les savoirs collectifs transmis par l'école en faisant un pari sur son avenir.

Et cette petite fille soumise aux conduites imprévisibles, capricieuses, des adultes a également réalisé que l'évaluation n'est pas le fait de la volonté arbitraire de l'institutrice mais bien le reflet de son travail d'élève. Elle réussit à apprendre à lire en quelques semaines, à la fin de son deuxième CP, et à rattraper une partie de son retard. Son désir d'apprendre était entravé par son lien aux adultes tutélaires dont, sans en être consciente, elle ne pouvait s'autoriser à mettre la parole en doute. C'était son désir de soumission, probablement par crainte de ne pas être aimée, qui la dominait. Il lui a fallu reconnaître cette « fidélité », qu'elle payait d'un blocage et d'une confusion mentale qui auraient pu la mener vers une déficience intellectuelle, pour pouvoir s'en émanciper.

Les voies de la transmission inconsciente

Nous l'avons vu, le savoir qui gît dans l'inconscient se dépose au fur et à mesure de la vie du sujet. Il consiste en ce qui est et a été vécu, entendu, comme en ce qui a été perçu plus ou moins confusément. Ainsi chacun sait un certain nombre de choses qui ne lui ont pourtant jamais été dites explicitement. L'enfant est capable d'enregistrer ce qu'il entend bien avant d'être capable de le comprendre. Les paroles reçues se sont inscrites dans sa mémoire où elles restent momentanément oubliées, mais prêtes à resurgir à l'occasion de quelque événement dont la nature proche vient, par association, réactiver le message initial. Le sujet prend alors conscience de ce qu'il savait sans le savoir.

L'inconscient, par ses manifestations : lapsus, actes manqués, rêves, aide à retrouver ce savoir. Freud faisait d'ailleurs du rêve la voie royale pour décrypter le savoir inconscient. Dans certains rêves, le message est explicitement écrit, comme dans celui de cette toute jeune fille souffrant de troubles dyslexiques. Phénomène fréquent dans la dyslexie, elle confond les lettres qui ont un axe de symétrie proche (par exemple le p et le b) et orthographie par conséquent mal les mots qui en sont composés. Dans son rêve apparaît la formule en anglais : $mother = \frac{Wonder}{Monster}$. La langue étrangère, qu'elle connaît à peine, permet un jeu de symétrie du W et du M par rapport à l'axe horizontal, qui révèle la double face de la représentation qu'elle se fait de sa mère, monstre (*monster*) et merveille (*wonder*) à la fois. Le message arrive ainsi de façon masquée à travers le filtre d'une autre langue que la langue maternelle dans laquelle les affects contradictoires envers la mère ne pourraient se manifester. Cette mère, qui aime passionnellement et exclusivement ses enfants, déclenche lors d'une maladie somatique un délire de persécution qui vise des membres de la famille proche. Son ambivalence, le rejet sous l'amour, qui faisait vivre sa fille dans la perplexité permanente, apparaît à ciel ouvert dans le délire ; mais le rêve de sa fille témoigne que celle-ci en savait déjà quelque chose.

Ce qui s'apprend dans les non-dits

Un dysfonctionnement familial, une pathologie psychique d'un parent, comme dans le cas que nous venons d'évoquer, peuvent entraîner une carence et/ou une distorsion dans la transmission des savoirs d'une génération à l'autre. Or ce qui les cadre tient dans les lois qui régissent les relations entre les humains dans la sphère privée de la famille comme dans celle, publique, de la cité. Ces lois (l'interdit de l'inceste, le respect dû aux ascendants, etc.) fournissent une première organisation du monde personnel de l'enfant, qui va lui-même servir de support à l'organisation de son rapport aux autres. Elles permettent aussi bien de s'orienter dans le temps : qui est né avant ? qui vient après ?, que dans les conventions sociales : qui est-il obligatoire de respecter ? à qui faut-il obéir ? avec qui ne faut-il pas avoir de relation amoureuse ? L'accès aux lois de parenté permet la mise en place du symbolique, et de l'ensemble des lois humaines, implicites, qui fondent les interdits et les obligations de la vie privée et sociale.

Les enfants perdus dans leur généalogie sont souvent également perdus dans le rapport à la réalité, et par conséquent dans les apprentissages, car ceux-ci demandent une intégration du symbolique.

À partir de l'âge de 4-5 ans, les enfants tentent de situer les liens qui unissent leurs proches entre eux et à eux. Ils veulent savoir qui est « le papa de papa », quel est le nom de famille de leur marraine, à quelle famille, paternelle ou maternelle, est reliée telle personne qui s'occupe d'eux. *A contrario*, lorsque je demande à un garçon de 7 ans et demi, venu pour une inattention massive et une absence d'intérêt manifeste pour les savoirs scolaires, de me préciser qui est la Mamie dont il me parle, il me répond « la maman de maman et papa ». Lui faisant remarquer qu'alors ses parents seraient frère et sœur, il est surpris et répond : « On me l'avait jamais dit, c'est pas possible. »

Pourtant un savoir insu concernant l'histoire familiale repose dans l'inconscient de chacun de ses membres. Il n'est pas rare par exemple qu'un non-dit, un « secret de famille » comme on l'appelle, passe de générations en générations sans pourtant avoir été révélé. Tous, y compris les enfants, en ont connaissance, même sans le savoir. Le silence n'exclut donc pas que la transmission passe par-delà la volonté consciente de ceux qui ont vécu les faits. Il ne s'agit pas d'un hypothétique inconscient collectif mais d'une véritable passation transgénérationnelle, non pas directement, d'inconscient à inconscient, mais à travers les discours qui se sont tenus en présence des enfants tout petits, alors qu'ils ne parlaient pas encore et que l'on supposait qu'ils ne comprendraient ni se rappelleraient ce qu'ils entendaient. Une telle supposition est juste pour ce qui est de la volonté consciente. Toutefois les paroles entendues laissent des traces invisibles, qui restent inconscientes et peuvent influer sur la vie du sujet qui les a enregistrées. L'histoire des marranes[1] prouve qu'un savoir sur les origines circule à l'insu de ceux qui le possèdent. Au fin fond du Portu-

1. Pourchassés dès 1481 par l'Inquisition, les juifs d'Espagne en sont expulsés en 1492. Beaucoup se réfugient au Portugal où, d'abord accueillis par Jean II, ils sont ensuite obligés par Manuel I, sous l'influence de la reine espagnole Isabelle la Catholique, de se convertir de force, en 1497. Mais

gal, on trouve ainsi des communautés pratiquant en privé des rites dont plus personne ne connaît ni l'origine ni le sens. Mais l'œil averti y reconnaît les restes des fêtes traditionnelles juives, pourtant interdites à partir de la fin du XVe siècle par les rois catholiques.

Ce savoir qui ne se dit pas peut se révéler. Philippe Grimbert, dans *Un secret*[1], commence par cette déroutante déclaration : « Fils unique, j'ai longtemps eu un frère. » Ce frère, il l'imagine « plus beau, plus fort [...], glorieux [...] ». Il comprend par une série de recoupements et de souvenirs enfouis, en particulier à travers l'attachement qu'il porte à une peluche retrouvée dans le grenier, que son père a eu un fils avant la guerre et que celui-ci a été assassiné par les nazis. La vérité cachée écrase l'enfant qu'il est, vivant avec le sentiment que son père le compare à un fils idéal invisible. Le livre qu'il écrit une fois devenu adulte sera à la fois la tombe de son frère inconnu mais omniprésent et la possibilité de faire le deuil de cette blessure d'enfance où il obéissait à l'impératif de se taire, au risque d'étouffer sa curiosité. Comme dans cette autre famille où le grand-père, survivant de la Shoah, a caché aux siens sa judaïté dans l'idée que l'ignorance les protégerait d'un nouveau génocide. Mais pour ses enfants, l'interdit de savoir s'est étendu à tous les domaines, à commencer par celui du savoir scolaire. Il a fallu que se lèvent les silences à valeur d'interdits pour que les héritiers puissent sortir de l'impossibilité de savoir.

Quand un enfant incorpore, fait sien, le secret d'un ascendant, il peut se soumettre, par amour et par loyauté, au même silence que lui, adoptant une position parentale

---

la plupart demeurent secrètement fidèles à leur religion. Ces faux convertis ont été surnommés marranes, de l'espagnol *marrano*, qui signifie « porc ».

1. Grimbert P., *Un secret*, Paris, Grasset, 2004 ; Le Livre de Poche, 2007, p. 11 et 16.

inversée, de protection. Comment s'émanciper d'un interdit de savoir quand il fonde la solidarité familiale ? Quel usage les enfants font-ils de ce qu'ils savent sans le savoir ? Chacun doit trouver sa solution pour intégrer le non-dit dans l'histoire où il s'inscrit. Car le fond de savoir inconscient, qui traverse toutes les biographies et pas seulement celles marquées par une tragédie, peut lourdement grever la curiosité et par conséquent la possibilité d'apprendre.

Ce qu'un prénom peut apprendre

Il n'est pas rare que notre prénom porte les traces de l'histoire qui nous a précédés, des désirs qui ont présidé, ou pas, à notre naissance, ceux du couple parental, de l'un des parents ou de nos familles. Il peut alors devenir une voie d'accès à ce fond de savoir inconscient insu de nous. Le ou les prénoms choisis par nos parents tiennent une place spécifique dans la transmission de ce qu'ils ont projeté sur nous avant notre naissance. Aimé, petit garçon fort aimable en effet, porte par exemple un prénom qui dit qu'un amour s'est incarné en lui. Claude, jeune femme en quête d'identité, nommée du prénom d'un homme aimé par sa mère, hésite entre le semblant féminin et la revendication masculine.

L'histoire d'Œdipe, le héros de la pièce de Sophocle qui a tant inspiré Freud, illustre ce qu'un prénom possède d'informations à l'insu du sujet qui le porte. Au cœur de la tragédie, il y a en effet le décryptage par ce malheureux d'un savoir dont il possédait des signes muets. Œdipe est d'abord un enfant abandonné, suspendu par les pieds à un arbre, tel un gibier, sans avoir été reconnu par son père Laïos, sans avoir été nommé par lui. Il est privé d'une reconnaissance qui le situerait dans une généalogie et lui permettrait de se repérer dans les interdits fondamentaux, interdits de l'inceste et du parricide, qui organisent les liens de la cité. Il ne reçoit qu'un prénom, que l'homme qui le recueille a tiré des marques laissées sur son corps par la violence dont il a été victime : Œdipe signifie en effet « pieds enflés ». Ce prénom forgé à partir du réel renvoie cependant aussi, par association inconsciente, à la véritable généalogie d'Œdipe. Son grand-père paternel se prénomme Labdacos, « le boiteux », à cause d'une légère malformation d'une jambe. Cela pourrait mettre Œdipe sur la voie, s'il s'interrogeait sur les causes de ses cicatrices et de son prénom inhabituel. Mais il choisit de rester dupe du secret que ses parents adoptifs protègent si maladroitement.

Lorsque la prédiction qui l'accable : « Tu tueras ton père et tu épouseras ta mère » est accomplie, qu'Œdipe a tué son père et épousé sa mère Jocaste, la peste – punition divine d'une faute humaine – s'abat sur sa ville, Thèbes. Alors son désir de savoir ce qu'il en est de ses origines et de son histoire devient impérieux. Un peu plus de curiosité préalable lui aurait épargné d'actualiser ses désirs inconscients – que Freud, en référence à cette histoire mythique, nommera « œdipiens ». Car ses désirs « œdipiens » le portent non pas vers Jocaste et Laïos, qu'il ne connaît pas, mais vers ses parents de cœur, Polype et Mérope, qui l'ont recueilli. S'il les fuit après que la malédiction lui a été révélée, c'est qu'en effet il imagine possible la réalisation de ses désirs interdits.

La trace que laisse un prénom devient la marque d'une existence singulière. Mais le sujet peut, contrairement à Œdipe, seul ou grâce à une bonne rencontre, se séparer du destin que son prénom laisse augurer. C'est ce dont témoigne avec émotion Renée, la brillante concierge du livre de Muriel Barbery, *L'Élégance du hérisson.* Le roman ne dit rien de précis à propos de ce à quoi renvoie ce prénom qui s'entend « re-naît » et n'est peut-être pas pour rien dans l'impossibilité des parents à prononcer le prénom de leur fille, comme si elle n'était pas vraiment née, pas vraiment existante, mais simplement « re-née », réincarnation d'un autre enfant : « Chez nous, on ne causait guère. Les enfants hurlaient et les adultes vaquaient à leurs tâches comme ils l'auraient fait dans la solitude [...] La révélation eut lieu lorsqu'à 5 ans [...] j'eus la surprise [...] d'entendre une voix qui s'adressait à moi et disait mon prénom.

– Renée ?

Il s'agissait de moi. Là où mes parents usaient du geste ou du grondement, quelqu'un [...] prononçant mon nom [...] venait de me faire naître. Car pour que la conscience advienne, il faut un nom[1]. »

En l'interpellant, son instituteur s'adresse à elle comme à un sujet particulier et la fait littéralement venir à l'existence. Bel exemple, certes littéraire, d'une rencontre avec un autre qui prête son désir pour que l'enfant trouve la voie du sien. L'on mesure l'importance que ce genre de rencontre peut avoir de fondateur, et le rôle essentiel qu'ont les adultes partenaires de jeunes enfants. Renée va devenir une fine lettrée, faisant finalement de cet instituteur le « père » de son rapport au savoir.

Pour résumer, être reconnu grâce à un prénom qui nous situe dans l'histoire d'où nous venons, se situer dans cette histoire, permet que s'inscrive dans l'inconscient les racines de l'être à partir desquelles le sujet va se développer. Quelles voies doit-il emprunter pour ne pas être aveugle comme Œdipe, pour construire, en même temps que sa personnalité, son rapport au savoir ? Puis pour soutenir celui-ci ?

1. Barbery M., *L'Élégance du hérisson*, Paris, Gallimard, 2006 ; coll. « Folio », 2009, p. 46.

S'inscrire dans une filiation permet de connaître sa place

Lorsque le surnom remplace le prénom, ou que le nom du groupe remplace le nom de famille, cela ne réussit pas plus aux modernes Œdipe qu'à leur prédécesseur. Les efforts pour avoir une place dans la société se font non plus dans le symbolique mais dans la réalité : luttes de territoire, affrontement de chefferie et enfermement, au lieu de s'ouvrir sur le monde.

La nomination[1] est l'inscription de l'enfant dans une lignée qui le précède et lui succédera. Elle permet l'articulation du champ familial et de la collectivité. Elle situe chacun dans son groupe de référence, indique ses liens, identifie au sens fort, c'est-à-dire donne une identité. C'est une parole-acte qui subjective, parole performative[2] qui fait exister. Chez les Romains, l'enfant, avant d'être présenté par son père à la communauté et nommé à cette occasion, n'avait pas réellement d'existence, il était un objet dont on pouvait se débarrasser.

Qu'en est-il alors pour ces adolescents qui se renomment de surnoms évoquant un trait particulier, ou renvoyant à leur bande d'appartenance ? Quelle reconnaissance, quelle identification refusent-ils ou n'ont-ils pas reçue ? L'appropriation des savoirs collectifs et universels se fait sur la base de savoirs personnels issus des expériences de chacun,

1. Le nom est ce qui demeure après la mort, d'où les effets catastrophiques de son effacement pour les générations qui suivent dans les morts confisquées dont les exterminations anonymes du XXe siècle sont le paradigme.

2. Une parole performative est une parole qui a effet d'acte, qui prend le relais de l'action. Par exemple : « Je te baptise », « Je déclare la séance ouverte ». La parole performative dit ce qu'elle fait et fait ce qu'elle dit (voir J.L. Austin, *Quand dire, c'est faire*, Paris, Seuil, 1970).

mais aussi sur la base de la transmission d'un savoir sur ses racines, ses origines. Une fois installé dans son histoire, le sujet peut, depuis la place qui lui est ainsi faite, regarder et interroger le monde qui l'entoure. Lorsqu'au contraire il n'y est pas installé, il risque d'errer dans sa propre histoire et court le risque de ne pas avoir l'assise suffisante pour s'intéresser à autre chose que ce qui se présente ici et maintenant, sans passé, sans avenir, dans l'instant impensé de la vie immédiate. C'est le cas pour nombre d'enfants et de jeunes coupés de leur culture ou écartelés entre plusieurs modèles, parfois contradictoires.

Un travail de lecture et de commentaire de *l'Odyssée* d'Homère, mené pendant trois ans en collaboration avec une psychopédagogue (enseignante spécialisée) dans un CMPP[1] auprès de collégiens d'origines ethniques et de milieux divers, du plus défavorisé au relativement cultivé[2], atteste du lien nécessaire et fécond entre le savoir des origines et la possibilité du savoir.

Tous les jeunes participant à ce groupe avaient de grosses difficultés d'apprentissage, associées à des troubles plus ou moins importants du comportement. Ils ne semblaient guère en souffrir ; en tout cas ils ne s'en plaignaient pas. De même, vivant dans l'immédiateté du présent, ils ne paraissaient être que peu affectés par les reproches qui s'abattaient sur

1. Les CMPP, Centres médico-psycho-pédagogiques, sont des centres de consultation ambulatoire où des cliniciens de formation variée : psychologues, psychothérapeutes, orthophonistes, psychomotriciens, enseignants spécialisés, reçoivent en consultation des enfants et leur apportent l'aide qui convient à leurs difficultés spécifiques.

2. Cette activité a été inspirée par l'expérience de lecture de mythes et de récits initiée par Serge Boimare, qu'il décrit dans *L'enfant et la peur d'apprendre*, Paris, Dunod, 1999. Une version plus complète du travail mené avec les collégiens est parue sous le titre « Pourquoi Ulysse ? » par Chapelain A. et Menès M., dans *La lettre de l'enfance et de l'adolescence*, Revue du Grape, « Éduquer, soigner, châtier », n° 72, juin 2008.

eux. Ils ne reconnaissaient en rien la part qui leur incombait dans les problèmes qu'ils rencontraient, voire qu'ils créaient. C'était toujours de la faute de l'autre, de l'adulte, enseignant ou parent, s'ils ne pouvaient répondre, s'ils ne savaient pas, alors même qu'ils refusaient plus ou moins activement toute démarche d'apprentissage. Kévin revendiquait par exemple d'écrire phonétiquement, c'est-à-dire d'utiliser en toutes circonstances le code abrégé des SMS, puisque ses copains le comprenaient, et refusait d'apprendre l'orthographe, code collectif adopté par une communauté donnée, sous prétexte qu'il lui était inutile.

En compagnie de ces adolescents, qui s'exprimaient avec une grande pauvreté de langage où les stéréotypes dominaient, nous avons lu l'*Odyssée*, œuvre représentative d'une culture qu'ils ignoraient, dans les deux sens du terme : soit ils n'en savaient rien, soit ils ne voulaient rien en savoir. Mais ce récit mythologique présente l'intérêt de véhiculer les questions fondamentales et fondatrices de l'humanité : les aventures d'Ulysse mettent en scène l'amour, la parenté, la sexualité, l'amitié, la loyauté. Très vite, les adolescents ont cessé de les trouver éloignées de leur propre expérience. Et ils ont réalisé qu'il y a des constances dans la façon de vivre, de traiter les questions déterminantes qui se présentent à des moments cruciaux de l'existence : choisir son camp, être fidèle ou non, respecter ses parents, protéger ou exposer les autres, etc. Découvrir qu'il y a une universalité des valeurs les a aidés à accepter d'intégrer le mode sous lequel elles apparaissent dans la culture où ils vivent, même si celle-ci s'écarte de la culture de leurs parents, à ne plus la rejeter comme trop « étrangère ».

Par ailleurs, les fictions familiales présentes dans le mythe les ont souvent renvoyés à l'ignorance de leur histoire familiale, qui a pourtant présidé à leur destinée : ignorance de leurs origines et de leurs ascendants, comme si ce savoir leur était inaccessible ou interdit. Non inscrits dans leur histoire, ils étaient par conséquent ignorants de l'Histoire, ce qui n'était pas sans effet sur leur intégration dans la société. La réponse : « Hitler, connais pas », qui avait surpris il y a quelque vingt ans, n'étonne plus, car l'ignorance s'est généralisée à tout ce qui n'est plus l'actualité immédiate.

Demander à ces collégiens de commenter l'épisode qu'ils venaient de lire les a aidés, en s'appuyant sur le récit, à mettre de l'ordre dans le chaos de leur monde intérieur, à trouver des significations à leurs actes, à en questionner la pertinence. La circulation de la parole, aussi peu élaborée soit-elle, les différents avis émis, ont permis à chacun d'eux de réaliser qu'il est acteur de sa vie, tout comme Ulysse, largement responsable des ennuis qui lui arrivent. Également de devenir plus curieux de sa propre histoire et/ou de sa culture, et d'étendre sa curiosité à un ensemble de plus en plus large de connaissances.

La plupart des participants de ce groupe, ayant trouvé une place par l'écoute et l'échange, ont, au bout de plusieurs mois, réintégré un parcours scolaire classique. Cette expérience montre ainsi que lorsqu'un jeune réussit à se reconnaître dans un épisode ou un personnage du récit, il peut s'appuyer sur cette identification pour s'inclure dans la communauté et commencer à s'intéresser aux savoirs qui la fonde et qui constituent ses membres.

2

Naissance du sujet désirant (savoir)

Le désir de savoir se développe en deux temps. Le premier temps, qui s'étend globalement sur les deux premières années, est celui de la naissance du désir. Le nourrisson passe d'un strict état de besoin vital à une ouverture à l'environnement. Il découvre, identifie. Sa relation au monde s'étaye, s'appuie sur les activités vitales, lesquelles se structurent sous la poussée des pulsions. C'est par leur biais que le petit sujet passe d'un strict état de besoin vital à un vif intérêt à l'égard de ce qui constitue son champ d'échanges et d'expériences. Toutes ses conduites primitives d'investigation sont à l'origine du développement de la pensée. Par exemple manger, avaler, va progressivement lui permettre de goûter et de reconnaître les objets. Ces conduites liées aux nécessités vitales supportent une première forme d'appréhension et de connaissance des réalités extérieures.

Le second temps, à partir de 2 ans environ, s'ouvre avec une curiosité plus spécifique à propos de réalités qui sont insaisissables par l'expérience : la naissance, la mort, la sexualité, l'amour. L'enfant explore, met en relation, questionne non plus seulement à partir de l'observation directe, de ce qu'il remarque, mais à partir de ses capacités d'imagination et de réflexion. C'est la grande époque des interrogations « métaphysiques », mais aussi des inquiétudes qu'elles peuvent provoquer. L'enfant à partir de ses observations élabore des théories explicatives et pense les faits qu'il remarque.

Ce second temps sera exploré au chapitre III. Commençons par le premier : il faut en effet présenter les mécanismes de la constitution du désir pour comprendre la part qu'il tient dans le désir de savoir.

D'où vient le désir ?

L'impuissance originelle du nourrisson le place dans un état de dépendance totale. De tous les êtres vivants, le petit humain est le seul à naître dans une immaturité physiologique telle que, pendant de longs mois, il ne doit sa survie qu'aux soins d'un autre. Inachevé, il naît fragile mais doté d'une grande malléabilité qui va lui permettre d'intégrer les caractéristiques de l'environnement qui lui préexiste. Son adaptation est le fruit d'un travail de maturation physiologique et psychique qui est soutenu et orienté par la qualité relationnelle qu'il trouve dans son entourage initial tout autant que par les expériences qu'il va faire au hasard de ses rencontres. La capacité propre à chacun de retenir et tirer leçon de l'expérience entre cependant en jeu. Certes un bébé qui reçoit des informations nommant ses expériences a des chances de les enregistrer plus vite que celui qui n'est pas nourri de paroles. Et les aléas éventuels du parcours de l'enfance : accidents, maladies, traumatismes, carences, vont interférer particulièrement dans le développement psychique et cognitif.

Du fait de cette dépendance aux influences extérieures, la petite enfance est une période particulièrement importante dans la construction de la personnalité, et elle imprégnera puissamment la vie future. Lorsque tout est oublié, ce sont les images heureuses et douloureuses des premières années qui reviennent en mémoire.

Le nourrisson est comme le bateleur qui apparaît dans la première carte des Tarots de Marseille. Les figures de ces cartes sont l'illustration d'un chemin initiatique et, à ce titre, sont une métaphore de l'éveil de l'esprit. Le bateleur a devant lui tous les instruments nécessaires à sa fonction mais n'a aucune idée de ce à quoi ils doivent servir. Il doit suivre toute une initiation pour l'apprendre. De même, le bébé possède des outils de base nécessaires pour se développer. Il le fera selon ses capacités propres et à son rythme. Les potentialités d'un enfant à utiliser ces outils préexistants (intelligence, mémoire, entre autres pour le domaine intellectuel), et à acquérir ceux qu'il ne possède pas à l'origine (les savoir-faire, par exemple), se réaliseront plus ou moins selon les interactions avec les influences externes, et d'abord le milieu où il vit.

L'enfant passe par l'autre pour construire son désir propre. Il « naît » à partir des désirs qu'on lui adresse. Au début de sa vie, il lui est nécessaire d'être « adopté » par le désir de quelqu'un qui prenne soin de lui d'une façon qui ne soit pas anonyme, c'est-à-dire qui le considère comme particulier et unique, pour qu'il trouve un appui à son appétit de vivre. Dans sa *Note sur l'enfant*[1], Jacques Lacan plaçait dans l'intérêt particularisé que porte la mère à son enfant la condition de sa subjectivation, de son devenir-sujet. C'est notamment à partir de cette relation privilégiée d'attachement et de reconnaissance singulière que l'enfant pose les fondations de sa personnalité. Cette relation est fondamentale pour qu'il puisse se construire sereinement.

Un nourrisson qui ne rencontre aucun désir particulier à son égard chez aucun adulte reste dans la détresse initiale

1. Lacan J., « Note sur l'enfant », *Autres Écrits*, Paris, Seuil, 2001.

de sa venue au monde. Il s'éteint si ce n'est physiquement, du moins intellectuellement et psychiquement. L'hospitalisme observé par René Spitz dans les orphelinats après la Seconde Guerre mondiale chez des enfants livrés à des soins corrects sur le plan somatique mais sans lien individualisé, personnalisé, les reconnaissant dans leur existence singulière, en témoigne. Ce psychiatre a décrit l'ensemble des perturbations somatiques et psychiques graves consécutives à une carence symbolique et affective totale et de longue durée pour de très jeunes enfants privés de soutien maternel ou substitutif. Dans ces collectivités, l'offre faite au bébé se situait surtout au niveau de ses besoins organiques. Aucune question concernant ce qui lui était propre ne lui était posée, aucune demande ne lui était faite. Or une demande aurait été le signe d'un désir à son encontre et lui aurait donné envie de répondre, aurait sollicité son propre désir. Un bébé traité mécaniquement, même s'il est bien traité, tombe dans un état d'apathie massive vite accompagné d'un refus de contact et d'une indifférence à l'entourage[1]. Ces enfants qui n'intéressent personne ne s'intéressent à rien, même pas à eux-mêmes, au point de présenter un tableau de débilité acquise. Les plus vulnérables à l'absence d'intérêt particulier à leur égard sont les bébés entre 6 et 12 mois, moment crucial d'éveil au monde environnant.

Des symptômes de détresse accompagnés d'un retard global du développement peuvent encore se rencontrer dans des situations de drame humanitaire, dans des pouponnières accueillant des enfants abandonnés. Ou, de façon plus discrète, dans des situations de délaissement au sein de la famille. Ce peut être le cas lorsque la mère, pour des rai-

1. Cette dépression grave de l'hospitalisme qui atteint les enfants privés de lien est dite anaclitique, du grec *anaclito* qui signifie « s'appuyer sur ». Sa forme la plus grave est appelée « marasme », terme qui continue à désigner un affect d'effondrement sévère.

sons diverses (par exemple une grave dépression post-partum[1] non diagnostiquée, donc non traitée), est indisponible, et que personne ne la soutient ou ne prend le relais dans les soins à l'enfant. Si l'adulte ne lui parle pas, ne le regarde pas ou le regarde d'un regard vide, le bébé incorpore le vide, véritable trou d'appel où s'engouffrera alors la dépression. Il peut également rencontrer des risques de stagnation du développement dans les cas où il est confié successivement à des nourrices et à des baby-sitters sans qu'un minimum de continuité soit assuré. Ou bien lorsqu'il est soumis à des relations aléatoires, tantôt très fusionnelles, tantôt lointaines.

Mais une reprise du développement et une reconstruction de sa personnalité restent toutefois possibles lorsque des relations attentives et affectives lui sont à nouveau proposées.

> *Ainsi Nadja, rencontrée dans une pouponnière à l'âge de deux ans, tient assise avec peine, émet quelques rares vocalises, n'attrape aucun jouet. Elle a passé le plus clair de ses deux premières années de vie dans un lit-cage installé dans l'arrière-salle de l'épicerie tenue par sa famille. Les échanges avec des adultes s'occupant d'elle devaient être réduits au minimum, car Nadja est hospitalisée dans un état de chétivité importante. Son retard psychomoteur est massif : elle se tient comme un bébé de 6 mois au plus, soulève à peine la tête, n'attrape pas les objets. Elle entre cependant en relation par son regard, très vif et soutenu, et va surmonter petit à petit ses craintes et commencer à communiquer avec les soignants qui l'entourent et la sollicitent. Progressivement, elle rattrape son retard. À la pouponnière elle est prise en charge de façon privilégiée par une auxiliaire de*

1. État dépressif associant troubles de l'humeur, insomnies, perte de confiance, tristesse massive, et survenant dans l'année qui suit l'accouchement.

puéricultrice. Je lui rends visite tous les jours et passe avec elle des moments réguliers d'échanges. Elle fera en quelques mois le trajet qu'elle n'a pu faire avant : tendre la main vers un objet, se tenir assise puis marcher, apprendre à parler. Une orthophoniste viendra l'aider à développer son vocabulaire et à articuler les sons difficiles. Elle présentera dès lors un développement harmonieux. À son entrée en CE1, elle a encore quelques difficultés mineures de langage, mais qui ne l'empêchent pas de suivre une scolarité normale. Et elle est restée la fillette vive et souriante qu'elle était devenue à la pouponnière.

A contrario, satisfaire systématiquement les demandes de l'enfant ou chercher à les prévenir, anticiper le moindre signe d'appel pour qu'il ne manque de rien, peut écraser son désir. Celui-ci ne peut en effet surgir que s'il lui reste un peu de place pour cela, que s'il y a du manque. Les refus qu'un bébé oppose à se laisser changer, nourrir, à devenir propre, sont autant de tentatives pour faire place à sa demande et manifester son désir, sa personnalité.

Or l'intérêt pour l'extérieur, pour l'inconnu, pour l'au-delà des relations de maternage – l'appétit doit pouvoir se développer au-delà des câlins et de la nourriture – ne peut apparaître chez un enfant que si ses partenaires privilégiés se posent eux-mêmes comme manquants, n'ayant pas immédiatement toutes les bonnes réponses à lui donner ; que s'ils ne cherchent pas à être investis comme objets totalement comblants, omniprésents et faisant écran devant tout autre objet. C'est par leur propre rapport à des intérêts qui ne se limitent pas à lui qu'ils signalent à l'enfant l'existence d'un horizon à découvrir. La frustration fait le lit du désir, dès le début de la vie. Elle permet de passer du besoin au désir.

Du besoin au désir

À sa naissance, l'être humain ne sait rien, pas même qu'il existe. Il a de simples réflexes de survie issus des besoins vitaux : se nourrir, avoir chaud, etc., mais aucune conscience de son existence en tant qu'être autonome, distinct, séparé. La conscience de soi se construit peu à peu en même temps que le bébé découvre, prend connaissance du monde qui l'accueille.

Se reconnaître comme séparé

Le premier travail du bébé est de se reconnaître existant en soi, d'avoir le sentiment de son existence propre. Le nourrisson s'extrait progressivement d'un état où le monde extérieur n'est pas encore repéré comme tel, c'est-à-dire comme distinct et différent. Dans les premières semaines, il perçoit les objets extérieurs comme des prolongations de son corps. La première découverte qu'il a à faire, la première chose qu'il a à apprendre, c'est la distinction entre lui et le monde. Ainsi va-t-il d'abord réaliser qu'il est, c'est-à-dire qu'il existe comme individu singulier et délimité. Il commencera par se distinguer lui-même de ses objets, par distinguer par exemple la tétine de son pouce ; ensuite il prendra conscience qu'il n'est pas seul puisqu'il découvrira les autres à travers l'existence de ses partenaires ; enfin, il prendra le temps de comprendre qui il est, tâche infinie s'il en est puisque bien des adultes se le demandent encore. C'est à partir de cette conscience de soi qu'il accédera à la conscience de ce qui se trouve autour de lui, ce qui est autre, non-soi, différent, et qu'il va pouvoir l'appréhender, et le désirer.

Pour pouvoir percevoir le monde extérieur, il faut partir de l'expérience de la différenciation initiale entre l'autre et soi, puis étendre cette capacité discriminatoire à tout domaine. Il faut, comme l'écrit Amélie Nothomb dans *Métaphysique des tubes,* faire la différence entre la maman penchée sur le berceau et le plafond : « Pour vivre, il faut être capable de ne plus mettre sur le même plan au-dessus de soi la maman et le plafond. Il faut refuser l'un des deux pour choisir de s'intéresser soit à la maman, soit au plafond[1]. » Dans un monde où rien ne serait différencié, où tout serait uniformément rose par exemple, cette couleur ne pourrait jamais être repérée, ni connue. Aucune connaissance ne serait possible.

Quant aux tout premiers affects qui provoquent puis accompagnent ces mouvements de découverte, ce sont essentiellement des états de tension liés à des besoins physiologiques, la faim par exemple. Le nourrisson ne peut les supporter longtemps, il vit encore sur le modèle de la satisfaction immédiate de la vie intra-utérine. La séparation d'avec ce mode d'être qu'est la naissance le plonge dans un monde qu'il doit découvrir et adopter pour survivre physiquement et psychiquement, pour s'humaniser. Ses premières activités de pensée sont des productions fantasmatiques interprétant ce qu'il vit et ressent[2]. Au gré de

1. Nothomb A., *Métaphysique des tubes*, Paris, Le Livre de Poche, 2000, p. 17.

2. Ces mouvements psychiques ont été très précisément décrits par Melanie Klein. Le nouveau-né n'a pas l'appréhension de l'autre personne dans sa totalité ; ses relations se limitent aux objets partiels (sein, doigt, etc.), il vit dans un monde morcelé. Sa vie psychique s'organise à partir de deux mécanismes fondamentaux : l'introjection et la projection. Selon la logique de la pulsion orale, l'objet qui plaît est avalé ; selon la logique de la pulsion anale, celui qui ne convient pas est expulsé. Les objets en question sont des représentations des expériences vécues, autrement dit des objets de savoir primaires. Les mêmes mouvements seront en jeu vis-à-vis de tout objet de savoir ultérieur.

la répétition de ses expériences : il pleure et il est nourri, ou bercé, etc., il se rend compte que quelqu'un réagit à ses demandes. Ce processus de reconnaissance s'installe très précocement. Dès l'âge de trois jours, un nourrisson distingue l'odeur de sa mère, et dès les premières semaines, il réagit en fonction de ce qu'il perçoit d'une situation, d'une attitude, d'un état affectif.

Par exemple ce bébé de cinq semaines pleure lorsque sa mère le dépose dans son berceau, mais il s'endort assez vite si un autre adulte le fait. Qu'a-t-il perçu des sentiments douloureux de sa mère qui, pour des raisons médicales, a été séparée de lui quelques jours à sa naissance ? Les pleurs qu'il lui adresse, et qu'il n'adresse qu'à elle, manifestent la même difficulté à supporter la séparation. Qu'il réponde à l'autre, d'abord par ce comportement, témoigne aussi qu'il commence à se distinguer comme existant.

Se reconnaître désirant

En même temps qu'il réalise son existence comme séparée, l'*infans*, l'enfant qui ne parle pas encore, prend connaissance de l'autre et des objets, d'abord les plus intimes : la main, le sein, le doudou, le jouet, etc., qui vont devenir les premiers objets de son désir. Les circuits par lesquels celui-ci va se constituer s'élaborent dans les premiers contacts que le bébé établit avec les autres, à partir de ce qui s'impose à lui comme besoins : la faim, le contact, par exemple.

Il n'y a pas d'instinct chez l'être humain, sinon des restes élémentaires à la naissance : le mouvement de la marche – mais il disparaît après trois jours –, et l'instinct de succion qui disparaît en quelques jours s'il n'est pas mis en œuvre. L'être humain est un animal très inadapté, il a besoin d'apprendre à vivre, et c'est par le biais des pulsions que cela commence.

Les pulsions sont la traduction humaine des instincts ; elles ne sont plus exclusivement liées aux besoins organiques. Elles sont une poussée vitale qui permet d'exprimer les besoins, mais aussi de trouver les moyens de les satisfaire. L'organisation des circuits pulsionnels demande l'intégration et l'organisation des données vécues, et ils se construisent à travers la rencontre avec le partenaire du bébé, son offre en réponse à l'appel de ce dernier, sa demande qui s'exprime en mots : « Mange », « Sois propre », « Écoute », « Regarde », etc.

Prenons l'exemple de la succion, paradigme de la pulsion orale (première année de l'enfant). S'appuyant sur l'activité nutritive, elle en prolonge le plaisir associé bien au-delà, avec le pouce, la tétine ou, beaucoup plus tard, la cigarette, l'alcool, etc. Le trajet de la pulsion orale se constitue entre le nouveau-né et sa mère, ou la personne qui en fait fonction. Le bébé ressent un malaise, il crie. C'est un cri de besoin. La mère se demande ce qu'il veut et lui prête une intention : il veut boire parce qu'il a faim. Elle lui donne alors le lait dont il a besoin. Mais pas seulement : avec le lait viennent les paroles tendres, les commentaires, les soins, les câlins. Dès lors, quand le bébé ressent ultérieurement la même gêne, il va s'appuyer sur ce premier « souvenir » et demander le même plaisir. Or il y a toujours un décalage qualitatif entre une expérience de satisfaction et la suivante, entre l'attendu et l'obtenu. Les réponses reçues ne peuvent être toujours identiques, sauf à être mécaniques. Il y a toujours un écart, une frustration – le manque est structurel. Et heureusement, car c'est dans l'écart entre la première réponse à un besoin et la seconde que surgit le désir, motivé par la demande de retrouver le même plaisir que lors de la précédente expérience de satisfaction. Il est important que « ça laisse à désirer » comme le dit sagement le langage courant. Entièrement satisfait, le sujet ne serait plus qu'inerte et passif ; il n'aurait rien à réclamer, rien à désirer, ne chercherait rien. Il ne pourrait passer d'une position passive où il est nourri, lavé, habillé, à celle active d'agir, de savoir s'habiller seul par exemple. Une mère ne peut jamais être « qu'insuffisamment bonne », pour aller à contre-courant de l'idée de Winnicott selon laquelle il existerait une mère « suffisamment bonne ». La frustration laisse l'enfant sur sa faim, comme le dit aussi une expression courante, et c'est heureux pour son devenir car le manque devient la source désirante à l'origine de toute activité de recherche.

Les pulsions, orale, anale, scopique (regarder), invocante (écouter) font passer du besoin au désir, car elles contiennent l'écart d'où naît le manque. Sans ce manque d'origine, il n'y aurait aucun mouvement vers l'extérieur ; le bébé resterait dans la simple logique de la satisfaction de ses besoins.

Le désir, d'abord indispensable à la survie, l'est tout autant pour le développement psychoaffectif et cognitif. C'est un processus psychique interne, dynamique. En effet, le désir devient très vite indépendant de la satisfaction concrète où il s'est constitué et dont seul demeure l'agréable souvenir qui devient ce qui le cause à nouveau.

Les pulsions sont les supports du désir de connaître

Si le manque est source du désir, l'énergie pulsionnelle en est le combustible. Le but de chaque pulsion, l'objet visé, la satisfaction recherchée sont susceptibles de changer. C'est grâce à cette mobilité que les pulsions peuvent se mettre au service de la curiosité intellectuelle. Une visée de l'éducation est d'ailleurs de favoriser l'extension des buts pulsionnels et de proposer d'autres objets au-delà de ceux d'un plaisir immédiat. Les pulsions sont les premiers modes de connaissance du monde, à mi-chemin entre l'organisme et le psychisme puisqu'elles s'appuient d'abord sur le besoin, utilisent le corps pour leur satisfaction primitive, puis s'inscrivent dans le psychisme d'où elles peuvent tendre vers d'autres cibles, comme nous allons le détailler pour chacune d'elles.

Manger la lettre

Dans un premier temps, au stade dit « oral » car la pulsion orale y domine – il recouvre environ la première année –, le bébé entre en contact avec le monde par le biais d'une activité centrée sur la bouche. Il appréhende le monde et fait connaissance avec tout objet par la bouche. Il aime ce qu'on lui met en bouche et met en bouche ce qu'il aime. Il se nourrit aussi des mots de l'autre. Il écoute quand on lui parle, il s'intéresse aux comptines et aux chansons. Son désir de connaître passe par ce qu'il avale. Il entend et comprend grâce à la répétition des expériences les informations qui lui sont données : « Ne mets pas ça à la bouche, ce n'est pas bon, ça ne se mange pas ! »

C'est par la pulsion orale que l'enfant est poussé vers un mode d'apprentissage. Il va ainsi passer de la nourriture concrète à une nourriture symbolique – les livres par exemple –, de la satisfaction orale à la satisfaction symbolique. Du plaisir d'absorber, la langue courante garde des traces : dévorer des livres, manger des yeux, avaler les paroles de l'autre, se nourrir de lecture, avoir un mot sur le bout de la langue, autant d'expressions où le langage, l'oralité et l'apprentissage sont noués. Nous sommes des mangeurs de lettres. Ce lien entre avaler et savoir est concrétisé dans certaines écoles élémentaires traditionnelles (*héder*) : lorsqu'un enfant qui apprend à lire a intériorisé une des lettres de l'alphabet hébreu, on lui offre la même lettre en pain d'épice pour qu'il mange en même temps la chose orale et la lettre symbolique.

S'il est « gavé », expression reprise dans le langage courant populaire pour signifier l'excès de quelque objet reçu, le bébé peut refuser de manger pour essayer d'imposer sa propre demande, pour pouvoir désirer autre chose que de la nourriture – pour forcer l'écart d'où il peut désirer. Ce qui est parfois appelé « anorexie quant au savoir » relève de la même logique : un « gavage » d'informations, d'apprentissages imposés, de stimulations excessives, peut amener un enfant à se replier dans son monde intérieur pour se protéger de ce qu'il perçoit comme un forçage. La moderne hyperactivité pourrait être une nouvelle forme de l'anorexie quant au savoir. On peut en faire l'hypothèse devant ces enfants intelligents, vifs, qui savent un certain nombre de choses mais sont incapables de l'attention et de la mémoire organisée que demandent les acquisitions scolaires. Lorsqu'on s'attarde sur le mode relationnel, et j'oserais dire le mode d'emploi de ces enfants, on constate qu'ils sont souvent surstimulés, suroccupés par un entourage lui-même souvent suroccupé. Les jeunes enfants dits « précoces » ainsi produits ne savent plus que consommer des activités sans en retenir aucun enseignement, à la recherche d'un désir qui a été étouffé dans l'œuf.

Retenir, échanger

Lors de la deuxième année de vie de l'enfant, la pulsion anale supporte le mode de contrôle que le sujet va adopter face aux apprentissages. À ce stade dit « anal », ce n'est plus seulement la demande d'être nourri adressée à un autre qui rythme la vie de l'enfant ; il lui faut maintenant consentir à répondre à la demande de l'autre. Il doit se soumettre à une règle de vie commune. En l'occurrence, il lui est demandé de céder ses *faeces* autrement que selon son bon vouloir. Le jeune enfant, qui n'avait d'autre possibilité de manifester son désir qu'en refusant l'objet oral, en refusant d'avaler la nourriture qui lui était proposée, peut à présent exercer une véritable maîtrise avec l'objet anal, car il peut le retenir ou l'expulser n'importe quand, et uniquement là où il veut. Grâce à ce pouvoir, l'enfant va expérimenter l'opposition, les limites de ses droits et de ses devoirs. C'est parce qu'elle donne cette possibilité de contrôle que la pulsion anale est qualifiée de pulsion d'emprise.

Objet interne en même temps que séparable, les *faeces* se prêtent à représenter imaginairement une perte que l'enfant peut craindre, car il se sépare de ce qu'il pense être un morceau de lui[1]. Notons qu'à cette époque apparaissent souvent des peurs paniques d'allure phobique. Elles sont en lien avec cette angoisse liée à l'intégrité corporelle menacée, et elles sont renforcées par l'ambivalence des sentiments à l'égard des parents. En effet ces derniers sont devenus plus exigeants : ils demandent à l'enfant d'obéir,

1. C'est sans doute ce qui explique ce fait clinique observable : les encoprésies de rétention sont beaucoup plus fréquentes chez les garçons, du fait de l'assimilation imaginaire possible entre les *faeces* et l'organe pénien, et donc de la localisation de l'angoisse de castration sur l'expulsion.

d'être propre, de céder sur ses volontés immédiates. Pour pouvoir supporter et en même temps réguler le mélange hostilité/amour ressenti en réaction, l'agressivité interne qui s'adresse aux personnes en position maternelle devenues frustrantes est projetée sur un objet extérieur (un bruit, le noir) qui provoque la crainte. Lorsque la première entrée à l'école a lieu au cours de cette phase, ce qui est souvent le cas puisque c'est l'âge qui correspond à l'entrée en maternelle (vers 3 ans), il est prudent d'y être attentif, de présenter cet éloignement nécessaire comme un gain, une aventure heureuse pleine de promesses de découvertes. Car la séparation peut être vécue comme une mise à l'écart, voire une punition, et l'école risque de devenir elle aussi un objet de rejet phobique.

La pulsion anale prend une place de choix – la première selon Freud et Melanie Klein – dans le désir de savoir, que l'on pourrait écrire ici : de « s'avoir ». Ne dit-on pas qu'il est important de retenir ce que l'on apprend, tout comme il est important que l'enfant apprenne à se retenir, mais aussi à ne pas garder sans limites ses *faeces* ?

De la volonté de maîtrise qui éclôt au stade anal, il reste des indices perceptibles dans le goût pour l'accumulation des connaissances, pour la rétention des informations ou, à l'inverse, dans la générosité de celui qui partage volontiers ses savoirs. L'exacerbation ou au contraire l'impossibilité totale de la rivalité et de la compétition intellectuelles que l'on rencontre inévitablement dans les situations d'apprentissage relèvent aussi de l'ambivalence attachée à ce stade. La persistance de l'agressivité qui s'y est découverte à l'égard des adultes pourtant aimés peut, par sentiment de culpabilité ou par crainte de rétorsion, empêcher toute expression de combativité, menant le sujet à l'échec. Ce pourrait être une des raisons du blocage de certains bons élèves devant les épreuves destinées à sanctionner une réussite, comme il en a été question au chapitre précédent.

À l'école, ce que l'enfant doit donner, ce sont des productions scolaires. Ce qu'elles doivent à la pulsion anale peut s'observer dans une extrême méticulosité d'où résulte souvent une lenteur générant à son tour un retard ; ou, à l'opposé, dans la saleté des cahiers, le désordre des cartables, voire l'impossibilité de laisser des traces écrites.

C'est le cas de Jonathan. Bien qu'il suive correctement son CE2, il refuse tout travail écrit. C'est à la dérobée, et sans y accorder, semble-t-il, une grande importance, qu'il m'apprend par contre qu'il laisse régulièrement des traces dans ses slips. Ce qui se révèle être une véritable encoprésie (rétention des selles) va jusqu'à le mener à deux reprises à l'hôpital pour des occlusions douloureuses. C'est peu à peu, en s'apercevant que le symptôme a débuté exactement à la naissance de son petit frère (il a alors 5 ans) et en redéployant les théories imaginaires qu'il a construites à ce sujet que le blocage de l'écriture disparaît.

Observer, écouter

Deux autres pulsions jouent leur rôle dans le rapport au savoir. La pulsion scopique, le plaisir de regarder, entraînent et soutiennent le regard pour voir, non au sens de la capacité visuelle, de la vue, mais au sens d'observer, de saisir, de découvrir. Voir prend d'ailleurs souvent des significations liées à l'acte de savoir : « Tu vois ce que je veux dire ? », « Je vois mon erreur », « Je suis curieuse de voir ce qu'il va dire », etc. Dans ce dernier exemple, voir est quasiment l'équivalent de savoir. Or Freud mettait la pulsion scopique à la deuxième place dans la poussée vers le savoir, après la pulsion d'emprise (ou anale). Elle s'établit dès les débuts de la vie et va aider à orienter le regard vers les objets de connaissance. C'est en elle en effet que s'enracine l'envie de « ça voir », la capacité d'observation. Elle permet de s'appuyer sur des images, des représentations mentales, pour appréhender les objets de connaissance. Dans de nombreux cas, elle facilite l'apprentissage puisque celui-ci se soutient beaucoup d'illustrations, de schémas.

L'enfant cherche le regard de l'autre, regarde lui-même intensément. Dans les interactions, il fixe le visage, ce que l'on retrouve dans sa première représentation du corps humain : le bonhomme têtard (dessin d'une tête à laquelle sont rattachés directement les membres). C'est par le regard qu'il saisit et capture le monde, et qu'il identifie ce qu'il retient ainsi. La jeune Nadja, dont nous avons parlé plus haut, en démontre la puissance, elle dont la pulsion scopique a probablement été dominante dans sa toute petite enfance. En effet, du fond de l'arrière-salle elle pouvait observer ce qui se passait dans le magasin, et sans doute échanger par le regard. La pulsion scopique repose sur le regard et non sur la vue. Un autiste n'est pas aveugle, pourtant il cherche constamment à ne pas voir, à exclure son regard du champ relationnel. Il ferme les yeux, se les masque, louche ; il refuse ce mode pulsionnel de connaissance du monde.

L'ultime pulsion en jeu dans le rapport au savoir est la pulsion invocante, qui concerne la réception des voix, l'écoute, et non la capacité d'entendre même si bien sûr elle s'appuie sur l'ouïe, comme la pulsion scopique s'appuie sur la vue. Elle soutient l'attention, donne le goût de l'écoute. Lorsqu'une mère écoute une musique particulière pendant sa grossesse, cette mélodie apaisera l'enfant. C'est aussi sous l'effet de la pulsion invocante que la musique, le chant, les fluctuations d'une voix charment ou irritent. Certains apprennent mieux, voire exclusivement, en écoutant les leçons, surtout quand la voix du professeur qui les énonce est vivante, et supporte le savoir qu'il énonce.

*

Les pulsions sont les chemins du désir ; leur énergie se met au service du désir, dont le désir de savoir est un développement. Le destin de ce dernier dépend du leur : entravées, elles parasiteront la curiosité ; si elles suivent leur voie au contraire, elles mettront à la disposition du jeune sujet une vitalité ouverte sur les réalités de l'existence. L'appétence intellectuelle dérive des pulsions, grâce au mécanisme de déplacement et sublimation qui les oriente vers des buts culturels et sociaux au lieu des buts vitaux initiaux : dévorer des livres au lieu de dévorer des aliments, par exemple. Nous allons à présent nous attarder sur les premières explorations du jeune enfant (entre 2 et 5 ans environ), et sur les connaissances qu'il en déduit. Puis au chapitre IV, nous verrons ce qui favorise la libre circulation de l'énergie et de la curiosité, ou au contraire l'entrave.

3

La curiosité n'est pas un vilain défaut

Après cette période d'émergence du désir sous l'impulsion de la nécessité vitale, l'enfant va développer le second pilier sur lequel reposera son rapport au savoir : une curiosité active. Dans le premier temps, il est comme Picasso qui aurait déclaré : « Je ne cherche pas, je trouve. » Maintenant il veut trouver, donc il cherche. Mais que cherche-t-il ? Qu'est-ce qui anime, passé le premier temps d'éveil à la vie, son désir de savoir ? Qu'est-ce qui peut y faire obstacle ?

Dans le récit biblique de la création du monde, la Genèse, le savoir est lié à l'interdit. Rappelons l'histoire d'Adam et Ève, qui se raconte probablement depuis plus de 5 000 ans. Dieu installe ce jeune couple dans le paradis terrestre et leur fait faire le tour du propriétaire en leur présentant tout ce dont ils peuvent user : animaux, plantes, arbres. Un arbre leur reste interdit : l'arbre de la connaissance. Ève, tentée par le serpent, figure du diable, qui lui fait croire qu'en goûtant ces fruits interdits, ils pourraient égaler Dieu lui-même, mange la pomme, en offre à Adam qui ne refuse pas. Et « alors [...] ils connurent qu'ils étaient nus » (Genèse 3,7), et ils se connurent : « l'homme connut Ève[1] » (4,1). Autrement dit, ils acquièrent la connaissance interdite. Dans la Bible,

1. Traductions tirées de la Bible de Jérusalem, DDB, 1955.

« se connaître » signifie « avoir une intimité sexuelle ». Voilà donc d'emblée situé le problème : la connaissance, qui est d'abord l'apanage de Dieu, donc des puissants, concerne à la fois le savoir et la sexualité, soit deux domaines apparemment radicalement éloignés, le premier relevant de l'esprit, le second du plus animal du corps.

C'est Freud qui a formalisé le fait que le désir de savoir s'origine au même lieu que la réalité sexuelle, réalité pourtant si difficile à appréhender par la pensée. Comment l'humain s'arrange-t-il de ce grand écart ?

La curiosité d'Ève la mène à un savoir qu'elle paye de la perte du bonheur paradisiaque originel. Le jeune enfant va aussi perdre ses illusions sur sa toute-puissance et la possibilité d'être constamment et totalement satisfait. Il a déjà, depuis sa naissance, fait l'expérience de la frustration : ne pas manger que du sucré, devoir devenir propre, etc. Il va maintenant rencontrer des limites au-delà des frustrations, des limites incontournables, structurelles, liées à la perte de la possibilité d'être complété par un autre[1]. Son désir de connaissance naît du manque ; il va se développer pour tenter de pallier le manque.

Du premier manque naît la capacité de représentation

Un des premiers jeux de l'enfant, à partir de sa première année, consiste à mettre en acte l'alternance de la présence et de l'absence de sa mère. De même que la mère s'occupe de l'enfant intensément, puis disparaît pour vaquer à d'autres occupations, l'enfant fait disparaître et apparaître un objet. En jouant de la sorte, il prend conscience que l'objet conti-

1. Prémisse de la célèbre formule de Lacan : « il n'y a pas de rapport sexuel », qu'il faut comprendre au sens mathématique.

nue à exister hors de sa vue puisqu'il peut le faire réapparaître. Avec cette activité, il découvre la permanence de l'objet, devient capable de se le représenter mentalement ; et en même temps, il tente de maîtriser sa solitude en imaginant la présence de sa mère, même en son absence.

Ces jeux de cache-cache qui le passionnent montrent comment le développement cognitif et le développement affectif sont liés. Cette première apparition du manque, incarné par l'absence maternelle, oblige l'enfant à développer sa faculté de création d'images mentales. Face au manque, il construit une capacité de souvenir et d'évocation qui lui fournit ainsi les moyens nécessaires au fonctionnement de la pensée. Lorsqu'un petit se retourne pour retrouver un objet caché derrière son dos, il montre qu'il a compris que l'objet existe même lorsqu'il n'est pas visible. Cette expérience manifeste le début de l'aptitude à conceptualiser. Il faut d'abord avoir une représentation mentale d'une réalité pour pouvoir l'imaginer quand il ne la voit pas.

Dans le même temps, l'enfant verbalise l'absence, car le jeu s'accompagne des premiers mots, sous la forme de couples de signifiants opposés : « Partie/Là voilà ! » ; « Coucou/Pas là ». Ces premières manifestations d'un langage articulé vont au-delà du mot-valise[1] qui servait jusque-là à l'enfant à s'exprimer. Ce sont des juxtapositions qui anticipent la construction des phrases et contiennent la dimension représentative du langage, son aspect symbolique.

Illustrons le passage de l'objet concret à sa représentation avec le « doudou », cet objet de transition entre absence et présence, entre mère et enfant, entre familier et étranger. Il est d'abord un objet nécessaire au niveau de la sen-

1. L'enfant utilise un mot pour signifier plusieurs choses différentes selon le contexte. Par exemple « bobo » indique la douleur ou l'envie d'être câliné, ou est une question.

sation : il faut que le bébé puisse le toucher, le sentir, le tenir, pour pouvoir se calmer, s'endormir. Puis le doudou peut être imaginé, l'enfant le cherche quand il en ressent le besoin, il sait qu'il existe, il peut attendre de le retrouver. Il faut une étape supplémentaire dans sa capacité d'abstraction pour qu'il passe de l'objet concret au mot, c'est-à-dire pour qu'il puisse décrire ce qu'il réclame, son doudou et expliquer, par exemple, qu'il s'agit d'un chien en peluche.

Se questionner à partir du désir de l'autre (maternel)

L'enfant un peu plus grand, âgé environ de 2 ans, ayant compris que sa mère n'était pas toujours là, va, à partir de la constatation de ses absences répétées, s'interroger sur les raisons qui la mènent ailleurs. Ce qui le conduit à observer tous ceux qui l'entourent, et à chercher des explications à ce qu'il découvre alors des réalités de la vie. Il se révèle un chercheur infatigable – c'est souvent l'entourage qui s'épuise… Car ce qui le motive dans sa recherche est de trouver le sens même de son existence. Pourquoi ne comble-t-il pas l'autre maternel ? De quoi manque-t-elle puisqu'elle le quitte ? De quoi manque-t-il, lui aussi, pour être suffisant ?

Si la poussée première vers les connaissances dérive des pulsions, elle va se développer grâce à une curiosité qui s'origine dans le désir de savoir ce que désire la mère. Les recherches commencent dans le mitan du lit… des parents. Très tôt, l'enfant saisit qu'il y a là un mélange de mystère et d'interdit. Il ne doit pas déranger, sa mère n'est pas toujours à sa disposition.

Fille et garçon ont d'abord un attachement privilégié à leur mère, ou à qui en fait fonction. Soit dit en passant, il n'est pas si sûr que les modifications actuelles de configurations familiales changent fondamentalement ce processus.

La mère, biologique ou pas, c'est la personne qui s'occupe de l'enfant avec un intérêt et un désir particularisés ; c'est quelqu'un pour qui l'enfant est un sujet singulier, occupant une place exceptionnelle, c'est-à-dire unique, irremplaçable. Mais cette mère a beau considérer son enfant comme un objet précieux, elle n'en fait pas, en tout cas dans le meilleur des cas, son objet unique. Elle est aussi un être désirant au-delà de lui ; elle a d'autres amours, d'autres intérêts, d'autres investissements qui l'éloignent régulièrement de lui. Il ne comble pas tous ses désirs et tous ses espoirs. Une mère n'est pas seulement mère, elle est appelée ailleurs en tant que femme, et c'est cet ailleurs qui va intriguer son enfant et provoquer à la fois sa frustration et sa curiosité. Elle n'est pas, comme il le croyait, à son service, et il n'est pas, comme il le croyait, tout pour elle. Par son refus d'être toute à son enfant, elle l'empêche de rester objet de son seul désir à elle et, aiguisant sa curiosité, elle lui ouvre la voie vers son désir à lui. C'est une condition pour que l'enfant puisse s'extraire de la fusion originelle avec elle et devenir un sujet séparé et (se) pensant. On voit là encore à quel point développement cognitif et développement affectif sont interdépendants.

Le principe séparateur qui interdit à la mère de s'approprier exclusivement son enfant et soutient le mouvement d'autonomisation de celui-ci vis-à-vis d'elle peut être introduit par le père ou par un autre partenaire de la mère, c'est-à-dire par la personne, voire par l'objet – à entendre non au sens de la chose mais au sens du but –, qui oriente le désir de la mère au-delà de sa progéniture.

À partir de 2 ans révolus, l'enfant qui a compris non seulement qu'il était un sujet distinct, séparé, mais encore que l'autre pouvait disparaître, peut manifester quelque crainte d'être abandonné, perdu. C'est l'âge des cauchemars, mais aussi celui des réveils nocturnes silencieux, car l'enfant veut essayer de maîtriser ce qui l'inquiète. Il n'est pas rare de le retrouver couché au pied du lit parental. Il cherche ce que désire sa mère loin de lui, ce qu'elle fait sans lui.

À partir de ses observations silencieuses, le jeune enfant élabore un scénario que Freud nomme « scène primitive ». Il imagine la relation entre ses parents comme une lutte mystérieuse et déconcertante. L'absence d'un couple parental, le fait que la mère soit seule, situation devenue fréquente, ne semble pas modifier fondamentalement cette phase dans la mesure où la mère laisse place dans son existence à un désir qui ne s'arrête pas exclusivement sur son enfant. Même si le père n'est plus présent, le fait que la mère ne se satisfait pas entièrement de la présence de son enfant, fait ou espère une rencontre adulte, voire regrette de ne pas la vivre, peut suffire à permettre que l'enfant réalise que la relation entre ses parents, passée ou présente, l'exclut.

Étant tout à fait ignorant des réalités sexuelles, sans aucune idée de ce qu'est la sexualité adulte, l'enfant interprète ce qu'il devine, ou ce qu'il imagine, avec les éléments de son savoir infantile. Les réponses qu'il invente sont homogènes à ses expériences connues et habituelles. La représentation, le plus souvent imaginaire, des relations que les parents entretiennent est toujours une expérience traumatisante pour lui, car elle est hors de portée de sa possibilité de compréhension. C'est d'ailleurs pourquoi l'éducation sexuelle imposée est dans le meilleur des cas un échec, et dans le pire, une effraction. Elle devrait être la plus réservée possible, un accompagnement prudent pour répondre à des questions ou éclairer des comportements qui provoquent l'étonnement ou l'inquiétude. C'est à l'enfant de faire son apprentissage avec ses moyens propres et selon son *tempo* personnel. Un enfant n'est pas un adulte en miniature ; l'exposer à une sexualité qu'il ne comprend pas risque de paralyser ses capacités d'observation et d'imagination. Devant les mystères du sexe, l'enfant invente ses solutions, son propre scénario.

Il y a quelques années, dans une émission télévisée, était présentée une séquence d'« éducation sexuelle » dans une classe de moyenne section de maternelle (4-5 ans). L'animateur, avec moult détails, s'efforçait d'expliquer en quoi consiste la différence des sexes. Les petits étaient ensuite invités à dessiner garçon et fille, nus et sexués, pour prouver qu'ils avaient compris. Quelques réfractaires étaient gentiment remis sur le chemin de la connaissance et finissaient par se plier à la consigne, tantôt en effaçant, tantôt en rajoutant. Cependant, un petit garçon que l'on avait poussé à user de la gomme persistait à rajouter discrètement, dès que l'adulte avait tourné le dos, un trait rapide à son dessin. Un des animateurs s'en aperçut et, quelque peu dérouté, essaya à nouveau de convaincre l'enfant : « Mais enfin tu sais bien que les dames n'ont pas de zizi ! » Alors l'enfant se leva, et à voix basse mais déterminée, face à la caméra, déclara : « Ma maman, si. »

Évidemment, il reste à l'enfant de lâcher cette conviction personnelle et de passer à une reconnaissance plus réaliste. Il faut en effet un temps certain pour admettre que la mère, personnage exceptionnel et perçue comme toute-puissante, est elle aussi limitée, marquée d'un manque. En accédant à la connaissance, chaque enfant perd comme Adam et Ève le temps du paradis où il se croyait protégé de tout.

Une invention nécessaire

Les théories sexuelles infantiles

La différence des sexes va servir de support à l'invention d'une première réponse, imaginaire, au manque. Les petits connaissent pourtant, parfois depuis longtemps, la différence entre garçon et fille qu'ils perçoivent en fonction des repères visuels des attributs sexuels secondaires : la longueur des cheveux, les vêtements. Mais lorsqu'ils repèrent la différence anatomique sexuelle, ils se l'expliquent en termes de mutilation effective ou possible, comme l'absence ou la perte d'un organe. L'enfant ayant compris qu'il va encore grandir et se transformer, en conclut parfois que l'organe manquant chez la fille peut pousser, tandis que le garçon risque éventuellement de voir disparaître celui qu'il a.

> *Ainsi Annie, 2 ans et demi, demande à sa mère si elle a un « zizi » comme son frère. Devant la réponse : « Toi, tu as une foufoune », elle déclare qu'elle veut... les deux et qu'il faut aller lui acheter un « zizi » ! Puis pendant plusieurs jours, elle demande à chacun, petit ou grand, s'il ou elle a un « zizi » ou une « foufoune ». Quand finalement elle semble s'être fait une raison, elle agresse son frère en le traitant de fille ! Celui-ci, d'un an plus âgé, prend très mal le fait de se faire ainsi qualifier et vient demander soutien à ses parents : « Annie dit que je suis une fille. Hein, que c'est pas vrai ? » Si sa sœur a fini par admettre qu'elle ne pouvait tout avoir, lui n'est pas tout à fait persuadé qu'il ne court aucun risque de perdre ce qu'il a. Bien sûr, pas réellement son sexe, mais sa position de garçon, lui qui cède souvent face à la revendication de sa sœur, prête à le dominer en toute occasion.*

Cette petite fille, très freudienne bien que née plus d'un siècle après la description que Freud fait des réactions infantiles devant la différence des sexes, illustre comment la perception de ce fait entraîne dans un premier temps frustration et revendication côté fille, crainte et perplexité côté garçon. Elle le dit très clairement : son désir n'est pas d'être un garçon mais de posséder tout ce que possède le garçon sans rien perdre de ce que possède une fille. C'est une illustration de ce qu'est la pensée de toute-puissance infantile, avant que ne soient acceptées ses limites. Annie n'est pas encore entravée par l'angoisse dite de castration, tandis que son frère, plus âgé, y est déjà assujetti. Lui sait que tout n'est pas possible ; elle espère encore que si. Or l'acceptation des limites, le renoncement au fantasme de toute-puissance, qui est la fonction de la castration, sont essentiels pour pouvoir accepter d'apprendre. Pour apprendre en effet, il faut déjà pouvoir accepter de ne pas tout savoir.

C'est en se penchant avec curiosité sur les faits de l'existence qui font mystère que, souligne Freud dans *Trois Essais sur la théorie sexuelle*, s'éveille l'intelligence. Et dit-il, si l'enfant y renonce, ce n'est pas sans faire un tort durable à son désir de savoir[1]. L'enfant va élaborer un certain nombre de réponses que Freud appelle les « théories sexuelles infantiles ». Elles ont un caractère universel pour les enfants qui entrent dans une « névrose infantile » banale[2], nom donné à la période où se construit le psychisme, dont la personnalité sera la face manifeste. La plupart des petits veulent savoir qui ils sont. Ils posent des questions, s'observent mutuellement, font des comparaisons, tirent des hypothèses et quelques conclusions provisoires de leurs théories. Celles-ci sont dites « sexuelles infantiles » car elles sont élaborées à partir et à propos

1. Freud S., *Trois Essais sur la théorie sexuelle*, Paris, Gallimard, coll. « Folio/essais », 1987, p. 123.

2. Menès M., *La « Névrose infantile », un trauma bénéfique*, Paris, Éditions du Champ lacanien, 2006. C'est le nom que Freud donne à la période du complexe d'Œdipe, en précisant qu'il s'agit d'un passage banal et non pathologique.

des réalités sexuelles dont l'enfant commence à avoir une certaine conscience à partir de 2-3 ans. La naissance des bébés, événement fréquemment rencontré dans l'entourage familial, amical ou social (crèche ou maternelle), est souvent le premier objet d'une série d'hypothèses fantaisistes. Celles-ci se fondent sur le savoir préalable de l'enfant, issu des pulsions. Le mystère de la fécondation, par exemple, trouve son élucidation dans l'expérience issue de la pulsion orale : la maman aurait avalé quelque chose qui deviendra un bébé, ou bien le père aurait déposé une graine en lui faisant un baiser, etc. La naissance, elle, est le plus souvent imaginée en fonction de l'expérience anale, à l'instar des fonctions excrémentielles : le bébé naîtrait en sortant du ventre, comme les *faeces*.

Il n'y a pas de savoir absolu

C'est un peu plus tard dans la même période, vers 3-4 ans, que l'enfant philosophe réalise que sa mère ne sait pas tout sur tout, pas plus qu'aucun autre adulte. L'avalanche de questions touchant objets et situations : « C'est quoi ça ? », « Comment ça s'appelle ? », « Et pourquoi… », visent à vérifier les limites de l'adulte. Sait-il vraiment tout ? Est-il vraiment si fort ? L'enfant rencontre ainsi la limite du savoir chez l'autre, le manque d'un « tout savoir ». Certains d'entre nous se rappellent probablement leur déception lorsqu'ils ont réalisé que leurs parents ne pouvaient pas répondre à toutes leurs questions, ne devinaient pas toutes leurs pensées ou leurs souhaits, que leur puissance était limitée, que les « pourquoi ? » qui leur étaient adressés restaient à un moment ou à un autre sans réponse.

À partir du moment où il n'existe pas de référence absolue, pas d'autre qui sache tout, chacun doit trouver seul ses propres réponses, s'il y en a… La vocation précoce de l'enfant pour la recherche le mène de la découverte des limites de l'autre aux siennes propres. Les jeux de cache-cache mettaient en scène l'absence maternelle : peut-elle disparaître pour toujours ? L'enfant un peu plus âgé, vers 4 ans, retourne sur lui la question, en jouant à sa propre disparition. Le manque maternel révèle celle du sujet lui-même : « Puis-je disparaître ? » L'enfant va découvrir qu'il n'a pas toujours existé et, par déduction, qu'il disparaîtra un jour. Des sentiments d'inquiétude et de crainte accompagnent généralement cette prise de conscience. De ce fait, le désir de savoir trouve dans un de ses fondements principal ce qui risque de l'entraver. Est-ce pour cela que la curiosité est considérée comme un défaut ? Parce qu'outre le fait qu'elle se développe à partir du registre sexuel, elle débouche sur la connaissance de sa propre finitude ? Il y a de quoi reculer devant cette révélation, car la découverte ultime qui se profile à l'horizon vient plus que tout entamer le sentiment de toute-puissance du petit sujet. Celui-ci découvre que le principe de la vie humaine est d'être seul et mortel, tragique constatation qui ne peut laisser indifférent, voire provoque une angoisse qui perdurera plus ou moins tout au long de l'existence. Les jeunes enfants ont très tôt l'intuition de la mort, même s'ils se la représentent sous une forme imagée, comme celle d'un sommeil sans fin. Elle leur apparaît comme une séparation très angoissante parce qu'inéluctable. Toute séparation peut alors devenir particulièrement difficile, car susceptible d'être définitive.

L'acceptation par chacun des limites incontournables de son existence est, d'une façon relative, un choix, facilité ou non, conditionné, par les positions conscientes et inconscientes du sujet. Spontanément, celui-ci souhaite « oublier » ce qu'il découvre : qu'il est, que nous sommes, fondamentalement seuls et éphémères. Il est impossible d'être comblé par un autre, 1 + 1 ne fait pas 1, et il est impossible de décider de n'être pas né (comme le souhaitait Œdipe) comme de ne pas mourir. Le fait de rencontrer, sous l'impulsion de la volonté de connaître ce qu'il en est du désir de l'autre, essentiellement maternel, ces réalités brutes de l'existence est ce qui fera dire à Lacan que ce qui est premier est moins le désir que l'horreur de savoir. Cette « horreur de savoir » est toujours latente sous le rapport au savoir. Il y a au moins deux positions extrêmes dans la façon de faire avec elle : soit développer les connaissances de façon encyclopédique, survaloriser l'érudition, et les utiliser comme défenses contre ce savoir intime de la condition humaine ; soit se laisser dominer par l'« horreur de savoir », trop à fleur de conscience.

La première position se rencontre très tôt, comme chez ce garçon de presque 5 ans, très en avance dans le domaine des activités conceptuelles. La lecture est acquise, fluide ; il est capable de lire et de mémoriser une encyclopédie destinée à des enfants de 6-8 ans. Les mécanismes du comptage élémentaire, addition et soustraction, sont compris. Il aborde systématiquement les autres à partir de son savoir, très étendu car il se souvient de tout ce qu'il lit, et il lit beaucoup. En revanche, il est incapable de dessiner un bonhomme, et il refuse de faire les exercices graphiques préparant à l'écriture qui lui sont proposés en classe de maternelle. Devant le crayon et la feuille blanche, il a une réaction de recul semblable à celle de l'écrivain en manque d'inspiration. En écoutant ses proches, il s'avère aussi que ce petit garçon est très peu autonome sur le plan moteur et qu'à la maison, il se laisse prendre en charge comme un bébé : il ne s'habille pas du tout seul, est encore nourri à la cuillère, conduit en poussette, etc. Autre-

ment dit, il est un pur esprit ! Cette position particulière entre deux extrêmes a suffisamment inquiété son institutrice pour qu'elle encourage les parents à envisager une aide psychologique pour leur fils. Eux-mêmes, le considérant comme un surdoué, ne s'en inquiétaient guère. Cet enfant est pourtant profondément angoissé ; s'il se réfugie dans la lecture, c'est pour ne pas penser, car dès qu'il pense, ce sont « des choses noires ». Il panique à la moindre éraflure parce qu'il a peur de mourir, résiste à s'endormir parce qu'il craint de ne jamais plus se réveiller.

La seconde position face au savoir intime de la condition humaine est le fait d'enfants en difficultés scolaires – ceux que l'on rencontre les plus nombreux dans les consultations.

Ainsi Mathieu, venu me voir parce qu'il ne réussit pas à apprendre à lire. Ses parents le décrivent comme un petit garçon anxieux, envahi par des questions existentielles qui tournent inlassablement dans sa tête. Solitaire, apeuré, les circonstances dramatiques de sa petite enfance passée dans un pays où la vie vaut pour peu l'ont mis en contact précoce avec cette réalité que seule la soi-disant sagesse du grand âge permet parfois d'appréhender : l'on est bien peu de chose. Il l'exprime quasiment en ces termes, faisant remarquer tout en touchant son bras : « Mais on n'est que de la viande ! » Il semble bien que pour lui aucun artifice, aucune croyance sur le sens de sa vie ne soient venus apaiser ses angoisses primaires. Le fait de savoir, sans écran, sans filtre, que sa vie vaut pour peu mobilise totalement son esprit. En somme il ne pense qu'à ça, et il est incapable de se tourner vers un savoir plus ordinaire, plus commun.

La poussée vers le savoir doit pouvoir se frayer un chemin au-delà de cette certitude du pire. Si elle se développe sur ce manque fondamental, constitutif, il faut l'intégrer pour pouvoir le dépasser, et faire avec lui.

Au-delà de l'angoisse

L'angoisse de castration apparaît de façon connexe à la découverte des limites existentielles. Elle synthétise les états d'angoisse qui la précèdent et qui sont liés à la dépendance infantile : angoisse d'abandon, de perte d'amour.

Chez le nourrisson, l'angoisse est liée à son incapacité à gérer les excitations et les malaises, qu'ils soient physiques ou liés à une réalité externe. Ces angoisses primaires tiennent à la dépendance étroite et totale à laquelle le tout petit est soumis. Il peut ressentir une forme de détresse quand il se perçoit sans recours. Plus grand, dès la première année pour certains, le jeune enfant est angoissé à l'idée de perdre ses parents, ou leur amour, de se retrouver seul et abandonné.

Enfin, l'angoisse se focalise autour de l'angoisse de castration, qu'il ne faut évidemment pas prendre dans son sens littéral mais dans le sens d'une limitation essentielle, touchant l'être lui-même. Elle résulte de l'insuffisance fondamentale à être tout pour l'autre, à tout pouvoir attendre de l'autre, y compris d'être protégé de la mort.

Il y a une constante dans ces différentes déclinaisons de l'angoisse, car toutes sont liées à l'appréhension d'une perte. Celle-ci, inquiétante, est pourtant structurante. En effet il faudra quitter père et mère pour pouvoir mener sa vie, il faudra accepter de ne pas être autosuffisant pour pouvoir aimer un partenaire sexuel, il faudra accepter d'être mortel pour pouvoir donner la vie et la mort dans le même temps, puisque les deux sont indissociables. Et il faudra pouvoir se séparer de l'autre tutélaire pour pouvoir devenir indépendant de son avis et penser par soi-même.

Fille et garçon, égaux mais pas semblables

Les théories sexuelles infantiles sont la première manifestation d'une capacité à élaborer un savoir par soi-même. Cette poussée de la quête infantile trouve son apogée entre 3 et 6 ans approximativement dans ce que Freud a nommé le complexe d'Œdipe, scénario qui tente encore de trouver du côté des parents une issue à l'angoisse d'être limité, l'angoisse de castration. C'est aussi le moment de sortie de la phase des théories infantiles, que l'enfant doit abandonner pour intégrer le savoir commun.

Fille et garçon entrent par la même porte dans cette période : celle d'une demande d'amour exclusive orientée vers la mère. Mais ils ne la traversent pas par les mêmes chemins, et en sortent avec une expérience différente. Ce qui peut donner à leur rapport au savoir une touche particulière.

Côté fille

La fille vit d'abord la spécificité de son sexe comme une privation. Elle doit admettre qu'elle ne peut obtenir d'avoir tout pour assumer d'être qui elle est. C'est d'abord à sa mère, comme l'exemple de la petite Annie le démontre, qu'elle demande ce qu'elle n'a pas. Déçue, elle se tourne vers son père avec la même demande. Confrontée à la même impossibilité, elle revendique alors compensation et reconnaissance. La particularité de l'Œdipe féminin est que la fillette passe par un moment de déception, puis de rivalité avec son premier amour, la mère, qui persiste parfois jusqu'à l'âge adulte dans des relations tendues, conflictuelles ou fusionnelles, avec elle.

Beaucoup de femmes gardent une fragilité dans le rapport au savoir du fait des modalités particulières du complexe de castration dominé par le sentiment d'être privée, dépossédée. Cette fragilité va s'exprimer dans une autodévaluation qui prend diverses formes : conviction de ne pas être à la hauteur, sentiment d'infériorité intellectuelle, crainte de ne pas être reconnue, impossibilité d'assumer la rivalité, en particulier avec une autre femme, culpabilité en cas de succès, etc.

> *Issue d'une famille d'écrivains de père en fils et de notables de mère en fille, premier petit-enfant des deux lignées, Odile fut désirée, choyée et placée au centre du monde familial jusqu'à la naissance de son petit frère alors qu'elle avait 5 ans. Ses parents se séparent peu de temps après et Odile, en tant qu'aînée, est considérée comme assez mûre pour comprendre la situation et l'assumer, contrairement à son petit frère que l'on protège davantage. Elle s'interdit dès lors toute manifestation de tristesse, et se sent responsable du bien-être de son cadet.*
>
> *Elle fait une scolarité brillante, entame les études considérées par l'ensemble de sa famille comme les meilleures pour elle, devient une enseignante respectée, obtient à l'université un poste convoité. Mais elle se met à déprimer, sérieusement. Ayant atteint la réussite qu'elle briguait et qui comble ses parents, elle s'effondre.*
>
> *Dès les premières séances, elle parle de son sentiment d'être exclue de la communauté scientifique qu'elle fré-*

quente et associe autour des souvenirs qui lui reviennent de son douloureux sentiment d'exclusion lors de la naissance de son frère. En un éclair, elle retrouve les violents affects ressentis contre lui, qu'elle s'efforçait alors de masquer en adoptant la même sollicitude que tous les adultes témoignaient à cet enfant. N'avait-il pas été privé du couple parental, quand elle avait eu la chance d'en profiter ?

Les recherches auxquelles elle se consacre l'ennuient prodigieusement, les communications scientifiques qu'elle doit faire la laissent muette. Elle n'a ni idée ni goût pour le travail, délègue ses tâches, se désiste devant la compétition pourtant inévitable à son niveau de responsabilités. Elle se demande si elle est vraiment à la hauteur de ce que l'on attend d'elle et reconnaît avoir toujours eu l'impression de devoir se battre pour réussir, s'interdisant toute distraction, passant tout son temps libre à étudier. Ces constats la ramènent à son histoire d'enfant. Car dans le fond, la naissance du frère est venue la chasser d'une place privilégiée tant auprès de sa mère, occupée avec le bébé, que de son père[1] *qu'elle ne voit plus que rarement. Elle se souvient pourtant d'une complicité avec lui qui excluait sa mère, du moins le pensait-elle. Le sentiment de culpabilité qui l'accable depuis longtemps s'allège lorsqu'elle réalise qu'elle se pensait la rivale de sa mère et se croyait la préférée de son père.*

C'est alors qu'elle fait état, comme si elle le découvrait, de son manque d'intérêt – depuis toujours – pour les longues études accomplies et pour la spécialité choisie. Rien n'est de son désir. D'ailleurs elle ne sait pas

1. Les lecteurs avertis reconnaîtront la même problématique que chez Dora. Voir Freud S., *Cinq Psychanalyses*, Paris, PUF, 1979.

ce qu'elle veut. Or la dépression est le sentiment qui signale qu'il y a erreur sur le désir tandis que la culpabilité signale la proximité d'un désir considéré comme illicite. Odile, qui était écrasée par un idéal contrastant avec ses vœux secrets tout à la fois de voir disparaître son frère, d'agresser sa mère et de séduire son père pour redevenir sa fille adorée passe, en réalisant cela, de la culpabilité à la dépression.
De nombreux rêves viennent ponctuer ses découvertes. Dans l'un d'eux, son frère tombe par la fenêtre. Dans les commentaires qu'elle en fait, elle se souvient d'un épisode où il tombe alors qu'elle est censée le surveiller. « Je me suis sentie responsable », conclut-elle, entendant aussitôt l'équivoque : « responsable » veut aussi dire « coupable ». Un autre rêve la renvoie à une responsabilité encore plus précoce. Elle a longtemps cru que la passion que son père a eue pour elle lorsqu'elle était bébé avait contribué à entamer le lien intime entre ses parents ; ils se seraient séparés à cause d'elle, fantasme œdipien somme toute banal.

La révélation et la chute concomitante de ce fantasme de maîtrise du désir de ses parents vont donner à Odile une clé importante des raisons de son recul devant le succès. D'autant que c'est face à ses collègues femmes qu'elle adopte l'attitude de retrait la plus marquée, tout en leur en voulant beaucoup de prendre la place… qu'elle cède pourtant ! Il s'agit là d'un déplacement de son sentiment de culpabilité à l'égard de sa mère à qui elle devait céder la place légitime. Pour cela, il lui fallait abandonner l'objet qui séduit le père, à savoir la réussite intellectuelle. Odile renonçait donc, inconsciemment, à réussir, pour échapper à l'angoisse héritée de sa position œdipienne.

Côté garçon

Le petit garçon, lui, a l'illusion de pouvoir offrir à sa mère ce qu'il croit posséder, une forme de prérogative attachée à son sexe. Jusqu'à ce que la confrontation avec la réalité, à savoir que la mère désire (ou a désiré) quelqu'un d'autre que lui, qu'il imagine dès lors plus puissant, lui démontre le contraire. Il vit le complexe de castration sous le mode d'une crainte de perdre les avantages qu'il croit avoir. Dès lors, c'est moins le sentiment d'insuffisance, comme pour la fille, qui risque de le gêner dans son rapport au savoir que le poids de l'inquiétude de n'être pas à la hauteur. Deux attitudes extrêmes sont alors possibles si le jeune garçon n'accepte pas d'être, naturellement, c'est-à-dire structurellement, insuffisant. Soit la revendication « virile » l'amène à démontrer sa puissance, à surenchérir sur ses capacités et à prétendre qu'il n'a pas besoin d'apprendre, car il sait déjà tout. Soit, à l'inverse, plutôt que d'assumer la dimension combative présente dans toute situation d'apprentissage, le garçon choisit de renoncer à savoir.

> *C'est le cas de ce jeune homme brillant qui échoue systématiquement à un concours qui le placerait au-dessus du niveau d'études de son père. Il découvre assez vite qu'il se désiste en faveur de celui-ci, faute de pouvoir assumer la rivalité à son égard.*
> *C'est aussi le cas de Christian, deuxième enfant d'un couple reconstitué, qui restera constamment deuxième en classe sans jamais atteindre la place de premier dont il est pourtant capable. Il continuera à se placer en position de second dans sa vie amoureuse, sera le bras droit d'un patron reconnu qu'il secondera avec dévouement, jusqu'au jour de sa mise à la retraite. Il*

vivra cette mise hors activité dans le drame, réalisant soudain le vide de sa vie vouée à soutenir l'autre dans sa place de premier.

*

De ce parcours « initiatique » s'étendant tout au long de la prime enfance, dès les premiers mois jusqu'à 5-6 ans, l'enfant sort avec ses titres en poche, comme dit Lacan[1], pour pouvoir entrer dans le monde et dans les savoirs. Ce n'est pas un hasard si les apprentissages fondamentaux, lecture et comptage, sont proposés à partir de 5 ans révolus. C'est plus ou moins l'âge où l'enfant s'est suffisamment émancipé de sa demande à l'égard de ses parents pour pouvoir s'intéresser à tout autre chose qu'à eux seuls. Quel sera dès lors le destin de la pulsion épistémophile, nom freudien du désir de savoir, que Lacan assimile au désir inconscient[2] même ? C'est ce qu'essaie de démontrer le développement qui précède en présentant l'articulation de la naissance et du développement du désir d'une part avec le déploiement de la curiosité et de la pensée d'autre part. Nous allons voir dans le chapitre suivant les aléas de cette conjonction.

1. Lacan J., *Le Séminaire V. Les Formations de l'inconscient,* Paris, Seuil, 1998, leçon du 15 janvier 1958, p. 171 : « Lisez, dans l'article de Freud sur le déclin du complexe, l'explication qu'il donne de l'identification terminale qui en est sa solution. C'est pour autant que le père est aimé que le sujet s'identifie à lui et qu'il trouve la solution terminale de l'Œdipe, dans une composition du refoulement amnésique. [...] il peut lui aussi devenir quelqu'un, il a déjà ses titres en poche [...] »

2. Lacan J., *Le Séminaire XVI. D'un Autre à l'autre*, Paris, Seuil, 2006, leçon du 23 avril 1969, p. 273-274 : « L'inconscient, c'est là d'où le désir naît, et sous la forme de ce qui peut s'appeler le désir de savoir, à condition d'en mettre les deux derniers mots dans une sorte de parenthèse, car il s'agit du désir inconscient tout court, dans sa structure. »

4

Destins de la poussée vers le savoir

La période d'investigation sexuelle et de constructions intellectuelles qui accompagnent les théories sexuelles infantiles et le complexe de castration, centre de l'Œdipe, subit une répression progressive sous l'effet de l'intériorisation progressive des interdits. Le petit sujet sort de la période œdipienne avec cette double capacité : renoncer à se fondre dans l'autre, représenté par la mère, dont il attendrait tout y compris l'impossible, et accéder dès lors à d'autres formes de satisfaction et à d'autres intérêts.

Cette période se termine par une violente poussée de refoulement, comme l'écrit Freud dans *Trois Essais sur la théorie sexuelle*[1]. Le refoulement est une défense nécessaire, un mode de régulation de la vie psychique, permettant d'oublier les aspirations proscrites une fois que leur interdiction est admise et intégrée par le sujet. C'est une opération par laquelle le sujet cherche à maintenir ou à repousser dans l'inconscient des représentations, idées, fantaisies, désirs que le conscient ne peut plus accepter. À la fin de la période œdipienne, le refoulement va orienter le but originel de satisfaction des pulsions vers des investissements objectifs et repousser du conscient les fixations

1. Freud S., « La sexualité infantile », in *Trois Essais sur la théorie sexuelle*, *op. cit.*, en particulier p. 98-102.

« amoureuses » sur les parents. Ce mécanisme est indispensable à l'humanisation du sujet, il permet d'entrer dans les liens sociaux ordinaires et d'accéder aux règles du jeu culturel. Bien sûr, le déplacement pulsionnel n'est jamais total, il reste des scories des satisfactions du corps, qui vont réapparaître dans la façon de manger, dans le rapport à la propreté, dans l'importance du regard et de l'écoute. Bien sûr aussi l'oubli n'est jamais massif et définitif, il est sujet à des « retours de refoulés » où les contenus censurés jugés indésirables réapparaissent, dans les rêves par exemple, dans des flashes de mémoire qui se produisent lors de situations émotionnellement chargées, ou à quelque autre occasion, le sentiment de déjà-vécu par exemple.

Certes le désir, et en particulier le désir de savoir, perd de sa puissance sous l'action du refoulement, puisque la pensée ne se promène plus en liberté mais sous un contrôle interne. Ce qui faisait regretter à Freud le « contraste attristant qui existe entre l'intelligence rayonnante d'un enfant bien portant et la faiblesse mentale d'un adulte moyen[1] ». Mais la vraie difficulté est que l'élan vers le savoir risque d'être entravé par des affects : angoisse, inhibition, ou par des comportements symptomatiques liés à des ratages du refoulement. Lorsque la force pulsionnelle déborde les capacités de l'enfant à la mobiliser vers les objets externes, un « reste » inassimilable de libido s'accumule et gêne les apprentissages. Cela pourra se traduire en inhibition lorsque le mouvement qui domine est la protection contre des retours de refoulé inadmissible pour la conscience, disons « morale », du sujet ; en angoisse lorsque les conflits inconscients ne sont pas suffisamment refoulés et restent actifs dans le psychisme ; en symptômes enfin, formations

1. Freud S., *L'Avenir d'une illusion*, Paris, PUF, 1973, p. 67.

de compromis qui traduisent en comportements les conflits psychiques internes.

Mais l'élan vers le savoir va aussi, ou surtout, selon les sujets, se diriger vers des intérêts et se développer, se sublimer, dans des domaines généraux, culturellement admis et valorisés.

De la curiosité mal placée à la curiosité sublimée

La sublimation est une récupération de l'énergie libidinale « civilisée », métamorphosée par l'intériorisation des limites qui trouve son apogée durant la période dite œdipienne. Elle consiste à substituer aux buts primitifs des pulsions des buts secondaires tels que les activités intellectuelles, artistiques, créatrices, et chez les enfants en particulier, les apprentissages. L'énergie libidinale qui alimente les pulsions, à commencer par la voracité orale, puis la férocité anale jusqu'à la vigilance du regard et de l'écoute – tout le monde sait que l'enfant se débrouille pour voir et entendre tout ce qui l'intéresse – ne disparaît pas. Elle est préservée et reste active grâce à la substitution des buts visés par les pulsions. La sublimation permet donc une satisfaction pulsionnelle en canalisant l'énergie vers des buts culturellement valorisés et valorisants.

La sublimation introduit à la période de latence. S'étirant de 5-6 ans jusqu'à la prépuberté, elle recouvre toute la durée de l'école primaire, au cours de laquelle se font les apprentissages de base. Pendant le relatif silence des pulsions de cette période, une grande partie de l'énergie de l'enfant peut être disponible pour l'attention et la concentration nécessaires à la souplesse cognitive qu'imposent les apprentissages fondamentaux. Elle va pouvoir se porter sur d'autres domaines que ceux qui mobilisaient la curiosité infantile : de l'intime vers l'extérieur ; d'une volonté de savoir primaire à un désir d'apprendre ; du désir de posséder l'autre à celui de posséder un savoir ; d'un savoir sur le désir à un désir sur les savoirs. Les objets du savoir collectif propre à une culture donnée vont se substituer aux objets des théories sexuelles infantiles. La sublimation permet en somme un apaisement et le passage de la curiosité sexuelle vers un usage étendu de la capacité de penser et de créer.

Pendant la période de latence, l'imagination est au pouvoir. En attendant d'être grand, l'enfant construit sa mythologie personnelle, s'identifie à un héros, vit des aventures dont il sort triomphant. Cette intense activité imaginative témoigne d'une poussée vers l'avenir, d'une projection vers le moment de sortir définitivement de la dépendance infantile. La puberté y mettra une fin qui obligera le jeune sujet à trouver un nouvel équilibre psychique.

La pauvreté ou l'absence de ces scenarios imaginaires peuvent être le signe extérieur d'une inhibition de la pensée. C'est pourquoi il est souvent proposé aux enfants des activités favorisant l'expression : modelage, théâtre, dessins, qui peuvent aider au processus de sublimation. La sublimation, pourrait-on dire, est la voie royale de la pensée.

L'inhibition, la dépression

Les adultes ne s'inquiètent pas toujours de ces enfants trop sages, réservés, qui se protègent derrière le bouclier de leur prétendue incapacité où, pensent-ils, personne ne viendra les chercher. Souvent, les seuls éléments repérables ou dont ils se plaignent sont somatiques : fatigue, maux de tête, etc. Ils se déclarent incapables de tout effort intellectuel et se confinent dans des situations passives, restant par exemple des heures entières à jouer à des jeux répétitifs sur leur ordinateur, évitant les échanges avec les autres enfants. Timidité, refus, manque de confiance dans leurs aptitudes, peur des autres ? N'est-ce pas le signe d'une inhibition qui peut s'aggraver ?

Car l'intérêt pour le savoir peut partager le sort du savoir sexuel qui est devenu pour une grande part un savoir inconscient, refoulé, oublié. Il devient impossible ou interdit au sujet de « ça voir » ce qu'il en est de ses limites parce qu'il ne peut les accepter. Le refoulement, la volonté de ne pas savoir, sont tels qu'ils emportent avec eux toute curiosité intellectuelle. L'inhibition qui en résulte est un renoncement, un mécanisme d'évitement. Blocages, pauvreté intellectuelle, lenteur, inintérêt aux apprentissages, ses effets sont vastes.

Pourtant l'inhibition est d'abord un processus régulateur. Le mot latin *inhibere*, qui signifie à la fois « retenir » et « interdire », désigne les deux faces de ce processus. L'inhibition d'abord « retient » : elle fait arrêt à l'illusion de la toute-puissance, permet de contenir les mouvements spontanés vers la satisfaction immédiate, les impulsions. Peut-être que les enfants dits hyperactifs ne sont pas assez inhibés... La première fonction de l'inhibition est de rendre possible l'accès à la réalité et à la vie sociale. L'enfant doit renoncer à faire ce qu'il veut quand il veut, sans se soucier ni des contraintes ni des autres. C'est sous l'effet de l'inhibition structurante, du travail de d'*hommestication*[1] pulsionnelle qu'elle accomplit, que la sublimation peut s'installer.

Mais cette fonction d'inhibition peut aller jusqu'à provoquer une sidération totale, jusqu'à interdire toute manifestation spontanée. Trop aussi bien que trop peu d'inhibition affecte la libre circulation de l'énergie psychique. L'inhi-

1. Néologisme emprunté à Jacques Lacan.

bition alors est restrictive, pathologique, et peut entraîner des blocages dans tous les domaines : moteur, c'est par exemple la paralysie atypique du bras empêchant d'écrire, ou la crampe de l'écrivain ; fonctionnel, c'est la vue qui se brouille, les lignes de la page qui se superposent, au moment de réaliser un travail scolaire ; intellectuel, et c'est le fonctionnement même de la pensée qui est entravé. L'inhibition est acéphale, elle ne fait penser à rien ; le sujet ne peut dire ce qui lui arrive. Elle peut cependant être transitoire, liée à un événement particulier, et rester limitée.

Lorsque l'inhibition touche de façon durable les fonctions d'entendement, elle signe d'une certaine façon l'échec des théories sexuelles infantiles à obturer, à masquer, par une invention intellectuelle, le réel cru des questions sexuelles. L'inhibition intellectuelle est donc l'impossibilité pour le sujet de trouver lui-même ses réponses. Une de ses particularités est que celui qui en est victime ne s'en plaint pas. Il ne se rend pas compte qu'il met en veille ses capacités de penser et de s'autonomiser dans ce bras de fer avec lui-même. Le sujet inhibé est appelé par les exigences externes, parents, école, à se débarrasser de sa difficulté (« il ne faut pas être aussi timide », « il faut répondre quand on t'interroge »...) alors que précisément les moyens de le faire, voire la nécessité, lui échappent totalement. Le sentiment qu'il donne d'être déprimé lui reste étranger, ce qui déroute les adultes qui l'entourent et rend son accompagnement difficile, en particulier pour les enseignants. Les « je sais pas » et le silence que le sujet inhibé oppose à toute question sont l'aveu du sentiment d'être débordé non par un non-savoir, mais par la terreur de rencontrer un savoir qu'il préférerait ne pas savoir.

Ainsi Dominique, jeune femme issue d'un milieu modeste où la lecture était considérée comme une activité de paresse, a réussi sa scolarité jusqu'au baccalauréat malgré un absentéisme scolaire important lié au peu d'investissement de sa famille dans l'école, ce qui compte étant d'être capable de gagner sa vie au plus vite. Elle s'inscrit en faculté dans la filière de son choix où elle est acceptée sur dossier. Mais le jour de la rentrée, elle ne parvient pas à franchir le seuil de l'université, et pas davantage les jours suivants. L'impossibilité est physique, elle « ne tient plus sur ses jambes », dit-elle. Elle s'interdit d'avancer, dans tous les sens du mot. Car vouloir savoir, « c'est être prétentieuse », « c'est vouloir dépasser ses parents », commente-t-elle quelques années après lorsqu'elle me relate cet épisode de sa vie. Elle ne peut prendre le risque, imaginaire, de perdre leur affection. Surtout, elle lutte contre le ressentiment à l'égard de ses parents, ressentiment que l'on devine derrière ses dénégations : « Ce n'est pas leur faute s'ils m'ont empêchée d'aller à l'école » et derrière son inhibition teintée d'autodépréciation. Elle argumente comme dans l'histoire du chaudron que Freud aimait à raconter[1] *: « C'est sûrement une erreur » si son dossier a été accepté, « elle ne le méritait pas », et « de toute façon, elle n'aurait pas été à la hauteur ».*

Quand, à l'extrême, le libre exercice de l'intelligence est lourdement entravé, la pensée devient pauvre au point, parfois, d'aboutir à un tableau de pseudo-débilité.

Le cas de Robert l'illustre. Il a 9 ans quand ses parents l'amènent en consultation. Ils le décrivent lent, impres-

1. Un homme emprunte un chaudron à un ami. Quand il le lui rend, l'ami se plaint que le chaudron est percé. Alors, pour se défendre, notre homme déclare : « Je ne t'ai jamais emprunté ton chaudron, et puis je te l'ai rendu en bon état, et d'ailleurs il était déjà percé. »

sionnable jusqu'à la panique. En séances, Robert reste figé, le regard fuyant, ne bouge pas de sa chaise, retient sa respiration. Il souffre depuis sa petite enfance d'un diabète insulinodépendant, héréditaire. Il en fait un destin : il est bête, et il le restera, comme sa mère avec laquelle il partage ces deux traits : diabétique et bête (celle-ci se définit aussi comme cela). Lui fait des deux caractéristiques un condensé : il est « diabête ». Les séances sont silencieuses, seulement ponctuées de « je sais pas », « rien », « non », murmurés et gênés quand je le sollicite. Pas de récit de rêve : « c'est idiot », déclare-t-il. Un seul dessin, sur mon insistance, un bonhomme minuscule, minutieux, qu'il dessine laborieusement pour conclure : « Il ne lui manque rien. » « Est-ce possible ? » me risqué-je à demander. Ma question le laisse dans une sidération froide. Dès lors il refuse de revenir, ayant délibérément choisi de ne pas savoir qu'il est impossible que rien ne manque.

Le sujet inhibé ne s'autorise aucun imaginaire. L'angoisse devant la tâche le paralyse (les feuilles blanches lors des examens), ou l'empêche d'aller là où les savoirs circulent, notamment à l'école. Le refus d'aller en classe est parfois la manifestation d'une inhibition paralysante apparue progressivement, et souvent discrètement. Ceux qui en souffrent sont pour beaucoup effacés et silencieux, ils ne se font pas remarquer si ce n'est, parfois, par leur réserve exagérée. Il arrive ainsi qu'on se rende compte, presque par hasard, que certains enfants que l'on croit non-lecteurs sont simplement « incapables » de lire à haute voix.

Dans certains cas, à l'inverse, un surinvestissement de la pensée masque l'inhibition. Les défenses contre l'envahissement de la pensée par des pensées parasites provoquent une mobilisation excessive de celle-ci dans un ou des domaines très délimités qui aspirent toute l'attention du sujet.

> *Ainsi cette petite fille de presque 9 ans qui vient me voir sous la pression de sa mère, car elle est paralysée par une timidité qui l'handicape lourdement dans ses relations extra-familiales. Elle me déclare dès le premier rendez-vous que la seule chose qui l'apaise est de travailler très bien en classe : pendant le temps qu'elle y consacre, au moins, elle ne pense pas à ses mauvaises pensées. Elle refuse de m'en dire plus, et même de venir à un second entretien parce que parler de ce qui l'angoisse « le rend encore plus présent », dit-elle.*

J'apprends par sa mère que cette petite fille, actuellement en CE2, reste totalement mutique à l'école. Dans le fond, elle souffre d'un refoulement insuffisant. Elle est obligée de lutter sans cesse contre l'envahissement par des pensées qui l'angoissent. L'investissement exclusif du savoir scolaire et les bons résultats qu'elle obtient malgré son absence de participation orale l'y aident. Il renforce ou remplace la toute-puissance infantile ; en apprenant par cœur, en se pliant à toutes les consignes, elle échappe à l'angoisse. Mais alors, l'inhibition atteint un autre domaine de sa vie, celui des relations avec les autres, et risque plus tard de toucher celui des relations amoureuses, domaine sensible par excellence.

Il y a donc paradoxalement des réussites sur fond d'inhibition. Mais la plainte d'être incapable de penser correctement, ou de pouvoir penser tout simplement, n'est jamais apaisée, ni par l'acquisition de diplômes ni par une réussite sociale incontestable. C'est ce qui arrive à Odile, dont nous avons parlé plus haut[1]. Elle a fonctionné dans un conformisme intellectuel rassurant mais qui empêchait toute invention, chose ennuyeuse pour une chercheuse, et écrasait tout désir personnel.

L'ombre de la dépression plane sur ces enfants trop sages. Longtemps ignorés chez les jeunes sujets, les états dépressifs ne sont pas sans les atteindre – les suicides de cette tranche d'âge ne sont pas rares, surtout à partir de l'adolescence (seconde cause de mortalité après les accidents chez les 15-19 ans). La dépression est une maladie du désir. Sa conséquence immédiate est la mise en sommeil de tout élan vital, ce qui entraîne immanquablement un désinvestissement scolaire. C'est d'ailleurs un signe annonciateur auquel il convient d'être attentif, d'autant que l'échec qu'il entraîne renforce le sentiment dépressif et qu'un cercle vicieux s'établit très vite. L'enfant qui se plaint, mais de rien en particulier, ou oppose un pathétique « je sais pas » à toute sollicitation, témoigne de la proximité de l'affect dépressif avec l'horreur de savoir. Il y a dans la dépression une démission, un recul devant la nécessité de s'orienter à partir de son désir.

Cet état caractérisé par une souffrance morale excessive et envahissante est connu et décrit depuis l'Antiquité. Chacun a affaire à une perte fondamentale et structurante qui laisse toujours une cicatrice plus ou moins douloureuse. Mais qu'est-ce qui rend la douleur d'exister intolérable ? À quel moment peut-on parler de dépression ?

L'enfant mesure peu à peu l'impossibilité de tout maîtriser, de vivre dans la béatitude aveugle. Nous l'avons vu, il se découvre limité dans ses possibles, dépendant d'un autre pour sa survie jusqu'à devoir en passer par les mots de l'autre, pour demander. Il apprend le monde à travers

1. Voir chap. III, p. 80.

un autre qui ne peut lui donner que ce qu'il a, qui ne peut donc tout lui donner. Se découvrir limité et mortel est un savoir encombrant qui non seulement ne protège pas d'une réalité inévitable, mais en donne la crainte. Seul l'humain se sait mortel, et s'il a le choix de se donner la mort, il n'a pas le choix de l'éviter. La condition humaine de *parlêtre*[1] rend triste.

De la dépression anaclitique dans l'hospitalisme des bébés privés de liens stables et constructifs, au sentiment d'abandon et à la quête affective excessive, le petit enfant souffre. Ses traits dépressifs sont plus ou moins marqués. Ils se manifestent par des réactions somatiques (maux de tête, de ventre, malaises vagues, etc.), une fragilité récessive aux maladies, une fatigabilité importante (un enfant qui dort beaucoup, ou qui est au contraire insomniaque), car le corps reste le moyen le plus direct pour exprimer ce que les mots ne peuvent dire. L'enfant dépressif peut être agaçant car il est craintif, pleurnichard, s'accroche à l'adulte ou au contraire reste dans son coin, se fait oublier, paraît éteint ou tracassé.

À l'école, des symptômes relationnels apparaissent également : isolement, agressivité, instabilité, et des troubles de la concentration entravent les apprentissages. Rien n'intéresse vraiment celui qui a l'impression d'errer dans un vide qui l'aspire et ne laisse aucune place au désir.

Et quand l'adolescence arrive, le jeune doit affronter sans plus de détour la solitude fondamentale de l'être humain dont plus aucun adulte ne peut le protéger. Il mesure l'imposture qui a bercé son enfance. Comme Paloma, la jeune prépubère de *L'Élégance du hérisson*, qui déclare assez crûment sa désillusion face aux adultes : « Apparem-

1. Lacan a inventé le terme de « parlêtre », pour rendre compte de l'intrication entre le langage et l'être du sujet.

ment, de temps en temps, les adultes prennent le temps de s'asseoir et de contempler le désastre qu'est leur vie. Alors ils se lamentent sans comprendre [...] ils s'interrogent sur l'engrenage qui les a conduits là où ils ne voulaient pas aller. [...] Je déteste cette fausse lucidité de la maturité [...] Une jeunesse à essayer de rentabiliser son intelligence, à presser comme un citron le filon des études et à s'assurer une position d'élite, et puis toute une vie à se demander avec ahurissement pourquoi de tels espoirs ont débouché sur une existence aussi vaine [...] Les gens croient poursuivre les étoiles et ils finissent comme des poissons rouges dans un bocal. » Elle n'en regrette pas moins qu'ils ne tiennent pas la promesse qu'elle leur a supposée, qu'ils lui donnent le sens de la vie : « La vie a un sens que les grandes personnes détiennent – [...] Quand on comprend que c'est faux, c'est trop tard [...][1]. » Comment supporter que personne ne réponde de sa propre existence ? C'est quand elle comprendra elle-même, grâce en partie à sa géniale concierge, que la vie n'a pas d'autre sens que celui qu'on lui donne soi-même, et c'est bien instable, que Paloma trouve le courage d'affronter, comme toute adolescente, sa vie.

Qu'il n'y ait rien à attendre côté adulte, pas la moindre puissance qui comblerait le manque, rend l'adolescent particulièrement sensible à diverses influences. Soit il peut être tenté de chercher l'exception dans la figure de celui qui aurait échappé à la castration, tel le parent idéal, tout-puissant, préœdipien : gourou, maître à penser, leader, chef de bande. Soit il peut aller chercher consolation dans des produits qui lui redonnent l'illusion, même éphémère, de la puissance : drogue, alcool, objets de consommation, jeu vidéo. Voire, il peut se réfugier dans les études, comme

1. Barbery M., *L'Élégance du hérisson*, *op. cit.*, p. 20.

substitut et dérivatif aux affects qui l'agitent. Le trait d'intellectualisme que l'on rencontre couramment chez les adolescents peut être davantage un effort pour dominer leurs conflits internes en survalorisant l'exercice de la pensée qu'une sublimation réussie.

Les refus ou les difficultés scolaires flambent à la puberté. Celle-ci met un terme radical à ce qui reste de la toute-puissance infantile. L'estime de soi est atteinte quand domine l'impression d'être incapable de répondre aux exigences éducatives, ce qui entraîne souvent une démission devant le savoir. Si la barre est trop haut placée, le jeune sujet peut en conclure qu'il ne sera jamais à la hauteur. Que signifient d'autre les suicides des lycéens qui échouent au bac ou apprennent qu'ils doivent redoubler ? À l'inverse, si la barre est trop basse, que le jeune n'est le représentant d'aucun espoir, il peut en conclure qu'il ne vaut rien puisque rien ne lui est demandé. Chacun a intériorisé le regard que l'autre porte sur lui, avec des attentes et des espoirs qui vont représenter un idéal à atteindre. Lorsque le décalage entre la réalité vécue et l'idéal visé plus ou moins consciemment est trop grand, l'adolescent court le risque de souffrir d'un sentiment d'insuffisance, de nullité, qui entraîne la dépression et la recherche incessante de réassurances substitutives dans des groupes de pairs ou dans des produits désinhibants.

L'effondrement narcissique ne trouve remède que dans la promesse d'un avenir qui réserve les surprises d'un nouvel amour, d'une nouvelle sexualité enfin révélée. Faut-il encore pouvoir y consentir. La rencontre avec l'autre sexe et la séparation d'avec les parents est l'aboutissement du désir de grandir qui accompagne les rêveries de la période de latence. Au seuil d'une vie autonome que les adolescents ont souvent énergiquement appelée de leur vœu, ils reculent et voudraient, comme l'écrit

Gérard de Nerval, poursuivre « l'épanchement du songe dans la vie réelle[1] ».

Déjà les absences/présences répétées de sa mère avaient appris au petit enfant qu'il n'était pas le centre unique de son intérêt. Déjà il avait expérimenté la solitude du désir lorsque le parent aimé fermait la porte de sa chambre en lui souhaitant une bonne nuit, l'abandonnant pour un ou une autre dont il partage le lit. Déjà le manque s'était présenté à lui sous la forme de son incapacité à satisfaire totalement sa mère, à faire totalement honneur à son père, à soutenir et à se sentir en accord avec les idéaux qui avaient orienté son enfance. L'adolescence se présente comme l'ultime chance de liquider les conflits infantiles.

> *C'est le cas pour Myriam, jeune fille qu'une dépression accompagnée de conduite anorexique et d'un désintérêt général, y compris scolaire, amène en consultation. Déjà, lors de son entrée en maternelle correspondant à la naissance du troisième enfant de la famille, Myriam avait fait la grève de paroles. Elle était devenue muette, régressant ainsi à la période préverbale où elle dépendait entièrement des autres, de sa mère en particulier. Elle raconte un seul rêve, qui la surprend et dont elle se défend avec véhémence car jamais, déclare-t-elle très fermement, « elle ne ferait cela » : elle « est prise la main dans le sac en train de tricher lors d'un devoir sur table ». Cette attitude contredit radicalement son comportement habituel, très respectueux des interdits, voire un peu moralisateur.*
>
> *Pourtant oui, elle triche, mais plutôt avec la vie dont elle essaie de suspendre le temps, avec l'anorexie qui la maintient dans un corps de petite fille. Elle triche aussi*

1. Nerval G. de, *Aurélia*, 1re partie, III.

avec sa place dans la famille où elle se sent obligée de se préoccuper de sa mère, peu autonome, craintive et isolée. Aînée de la famille, elle s'imagine responsable du bien-être de tous et se trouve écartelée entre ses désirs d'autonomie et ses exigences internes de responsabilisation excessive envers sa famille. Elle a remarqué que ses résultats scolaires étaient moins bons et que, dans le même temps, ses conduites anorexiques régressaient lorsqu'elle s'autorisait davantage à se distraire, à partager des activités et des loisirs avec d'autres jeunes. Autrement dit lorsqu'elle acceptait de grandir et de n'être plus l'enfant sage parfaite.

Sa conclusion lors d'une séance : « Mon père aurait dû s'occuper plus de ma mère », met un terme à la sollicitude, voire à l'activisme, qu'elle déployait à l'égard de cette mère qui ne lui en demandait pas tant. Et elle recommence à accepter de manger à la table familiale, d'être, du moins pour cela, encore dépendante des soins maternels. En même temps elle renonce à pallier ce qu'elle estimait être l'insuffisance paternelle. Ce qui ne l'empêche pas, et peut-être même lui permet, en acceptant son père tel qu'il est, de décider de faire comme lui. Redevenant la très bonne élève qu'elle avait été jusque-là, elle s'engage dans les mêmes études scientifiques que lui.

Le désinvestissement scolaire est dans ce cas le premier phénomène repérable d'un malaise. Menaces, reproches et punitions n'ont aucun effet, sauf éventuellement celui d'aggraver l'angoisse et la culpabilité. Lorsque le désir est atteint, tous les domaines d'investissement le sont. Avant de se préoccuper des conséquences, il faut donc s'intéresser aux causes. Des affects dépressifs en sont, paroles muettes qui ne sont pas adressées et qu'il faudrait pourtant entendre.

L'angoisse

L'angoisse, nous l'avons vu, surgit très précocement à des moments cruciaux de construction de la personnalité où le sujet se perçoit totalement dépendant, en danger d'être laissé tomber. Elle réapparaît au moment de l'Œdipe, sous la forme d'angoisse de castration, c'est-à-dire d'un sentiment d'insuffisance et d'anxiété devant les limites désormais connues de l'existence et de soi. Toute situation où le sujet va sentir sa sécurité intérieure en péril peut réactiver cette angoisse structurale, inévitable. Elle peut apparaître dans des situations de perte des repères, des circonstances stressantes, comme on nomme aujourd'hui tout état générant une tension. C'est un affect qui accompagne la vie à bas bruit, et qui est la plupart du temps dominé.

Lorsque l'angoisse devient envahissante, elle risque d'entraver toute l'activité du sujet, mobilisé par la lutte contre elle. La perception des limites rencontrées dans les phases infantiles de la construction psychique garde un caractère inquiétant, difficile à supporter. Le sujet alors va adopter un certain nombre de conduites pour éviter de rencontrer toute situation anxiogène pour lui. Se soumettre aux apprentissages peut en être une. Apprendre suppose précisément de faire l'expérience renouvelée de la limite : tout d'abord accepter de ne pas savoir, nous l'avons vu, mais aussi se soumettre aux réponses des autres, recevoir d'eux ce que l'on n'a pas. Apprendre demande un engagement dans l'inconnu, non maîtrisable au premier abord, dont on n'est pas sûr qu'il ne nous reste pas étranger, inaccessible. S'il craint trop d'affronter cette situation, le sujet va éviter de rencontrer les risques inhérents à l'acte d'apprendre. D'autant plus que l'échec dans les apprentissages se retourne contre celui qui le subit, provoquant une déperdition narcissique, une déperdition de l'amour de soi. L'estime de soi est profondément atteinte par des insuccès répétés, ce qui peut entraîner des affects dépressifs. En réaction, le sujet est tenté d'abandonner et de se désintéresser de toute tâche qui lui paraît inaccessible. Ainsi se forme le cercle vicieux du découragement, celui-ci renforçant des difficultés qui en retour accroissent le sentiment qu'apprendre est impossible. Les réactions de défi et de provocation elles-mêmes ne font souvent que masquer l'angoisse devant le risque de rater.

Le refus de l'école, qualifié de phobie scolaire, est une expression particulièrement aiguë de l'angoisse en situation d'apprentissage. L'école focalise une angoisse indépassable, à tel point que l'élève est malade tous les matins (il vomit, a mal au ventre) et devient parfois incapable d'y aller. En maternelle et en début du cycle primaire, l'école représente un lieu étranger anxiogène qu'il faut apprivoiser. Le refus de s'y rendre est souvent corrélé à l'angoisse de séparation, d'abandon, l'entrée dans ces classes étant la première expérience importante de séparation. Outre cela, l'enfant peut avoir peur des autres enfants, ou de l'enseignant.

D'autres raisons peuvent être en cause dans la phobie scolaire, comme la difficulté à quitter la famille à un moment difficile de la vie familiale : deuil, divorce, naissance d'un puîné. Le contexte affectif entre également en jeu : l'enfant peut craindre de laisser seule sa mère déprimée. C'est parfois une des raisons de l'absentéisme scolaire. L'élève se plaint de maux plus ou moins imaginaires sur lesquels la mère ferme volontiers les yeux, préférant ne pas rester seule.

Que l'école devienne à un point extrême le lieu d'un

rejet peut aussi relever d'un conflit latent ou explicite dans l'histoire familiale, d'une problématique propre à l'enfant lui-même, voire du nouage des deux. Ce peut être la manifestation d'un conflit de loyauté dans lequel l'enfant est enfermé, lorsqu'un parent exprime plus ou moins clairement son opposition aux méthodes de l'enseignant, à l'enseignant lui-même ou à une discipline scolaire.

> *Thomas par exemple, que l'école renvoie à cause de son comportement systématiquement opposant, entend son père suggérer que l'autorité à l'école est abusive, qu'elle brime la spontanéité des enfants. Il se trouve coincé dans un conflit où accepter les règles de l'école revient à désapprouver son père, et il refuse de retourner en classe.*

Le rôle de l'institution dans ce cas est délicat. Il consiste à désamorcer les conflits et à aider l'enfant à prendre conscience que l'école n'est pas une rivale de la famille mais un autre lieu, radicalement différent.

Enfin il faut s'assurer que le refus n'est pas lié à quelque événement extérieur. Un élève habituellement studieux n'a pu préparer un contrôle, une interrogation. Ou bien un incident s'est passé en classe, qui l'a inquiété. Ou il subit des menaces et des brimades systématiques de la part d'autres élèves, éventuellement plus âgés, dans les moments extrascolaires (la cour, l'entrée, le bus scolaire). Ces facteurs sont d'autant plus à prendre en compte que les difficultés à assumer quelque peu du désir d'apprendre peuvent se trouver aggravées par le fait que cela pose les élèves attentifs en ennemis potentiels de la majorité. « Intellectuel » est devenu dans l'école une insulte et ceux qui en sont affublés sont mis à l'écart, chahutés.

Les refus de l'école se déclarent de façon particulièrement décidée au collège où l'exigence est plus grande, tant du point de vue des compétences que de l'autonomie, et où les résultats déterminent l'avenir à court terme (une orientation est possible dès la fin de la 3e). Le lieu scolaire remplit dans ce cas la même fonction que le loup des phobies de la petite enfance, qui marquent une étape banale de la construction de la personnalité. Un objet, réel ou imaginaire – le loup par exemple –, attire sur lui l'attention et concentre toute l'angoisse. Ce mécanisme de défense permet paradoxalement d'éviter l'angoisse puisqu'il suffit d'éviter de rencontrer l'objet phobique ou la situation phobogène (la foule, les endroits clos, etc.). N'importe quoi peut prendre ce statut. Dans la phobie scolaire, c'est la situation scolaire elle-même qui l'occupe et devient phobogène.

De même que le loup symbolise l'élément tiers représentant ce qui sépare radicalement des figures parentales, de même l'école représente le lieu étranger, inconnu, insécurisant. La phobie scolaire prend le relais du loup à un moment où le jeune est confronté à un vécu interne angoissant, particulièrement à l'adolescence où, souhaitant et craignant en même temps l'indépendance qui l'attend, il revit la séparation de la fin de la petite enfance en entrant dans une nouvelle étape de sa vie.

Les symptômes

Les symptômes sont une autre modalité du destin du désir de savoir qui lui enlèvent une grande partie de son efficacité, qu'il s'agisse de la rumination renvoyant à l'infini toute décision – l'enfant efface sans cesse ce qu'il vient d'écrire, car il ne sait plus si c'est juste ou pas –, de l'agitation qui trouble toute concentration, de l'inattention et de la distraction qui empêchent l'écoute, ou des dysfonctionnements qui gênent les acquisitions. Les symptômes sont des fauteurs de troubles[1] qui manifestent un mal-être psychique. Ils ne paralysent pas comme le fait l'inhibition, ils ne terrorisent pas comme le fait l'angoisse mais ils parasitent, gênent le fonctionnement de la pensée. Ce sont des formations de compromis défensives qui se substituent aux affects d'angoisse restant trop fortement attachés aux contenus refoulés. Ils contribuent en ce sens à maintenir un équilibre interne, tout en portant le message de ce qui est resté en souffrance pour le sujet.

Nous allons nous arrêter sur ceux qui sont particulièrement gênants dans les apprentissages : la rumination et le doute, qui vont souvent de pair avec une inhibition latente.

Chez l'enfant qui doute sans cesse de ce qu'il fait, la pensée tourne en boucle et ressasse. Le sujet mobilise toute son énergie à penser, à condition de penser à « rien ». Ce vide est mobilisé pour éviter de « penser à mal ». Le jeune élève s'attache à des détails, s'arrête sur une question qu'il tourne inlassablement dans sa tête, consacre un temps infini à tracer lettres ou schémas, ou à écrire, de telle façon qu'il n'arrive jamais au bout de sa tâche.

Le rapport au savoir reste possible, mais la pensée risque toujours d'être traversée par des contenus qui suscitent des blocages dès qu'ils évoquent un lien associatif que le sujet estime dangereux pour lui. Elle s'en trouve limitée, le sujet évitant de penser pour ne pas prendre de risques. Le doute et la rumination expriment l'oscillation entre deux positions inconciliables, l'une consistant à tenter de conserver les parents comme des puissances tutélaires absolues, l'autre contenant la conscience que c'est impossible. La pensée

1. Le mot « trouble » tend à remplacer dans le discours courant le terme de symptôme qui, lui, rend compte de la réalité psychique et pas seulement de ses conséquences observables.

s'enferme dans une oscillation permanente, un entre-deux pôles qui l'immobilise ou la ralentit.

Zoé, 9 ans, reste à l'écart de toute implication. Elle est venue en consultation une première fois vers l'âge de 5 ans pour des troubles du sommeil importants. L'explication familiale les relie à une hospitalisation précoce de plusieurs semaines. Les parents en ont gardé à l'égard de la petite fille une sollicitude inquiète qui contraste avec les hautes exigences éducatives et culturelles qu'ils lui adressent. Zoé est éveillée, au sens littéral du terme. Ce symptôme d'insomnie cédera assez vite une fois son contexte identifié.
Mais Zoé revient me consulter quatre ans plus tard. Alors que je me souvenais qu'elle était plutôt éveillée également au sens métaphorique, et qu'elle ne reculait pas à produire ses théories infantiles (les bébés se font quand les amoureux s'embrassent sur la bouche, les petites filles naissent tout habillées, etc.), elle s'est éteinte. Elle semble perdue dans le temps, ne sait pas le jour que nous sommes par exemple ni sa date de naissance exacte. Par des questions indirectes, je comprends qu'elle sait mais hésite à répondre, de peur de se tromper. Ayant le même comportement à l'école, elle peine à suivre le rythme des acquisitions scolaires. Elle ne veut plus quitter sa mère et déclare ne pas vouloir aller à l'école où « les garçons embêtent les filles ». Elle a mal au ventre tous les matins et reste souvent à la maison sous ce prétexte. Il semble qu'elle ait choisi de rester l'enfant fragile qu'elle fut à la naissance plutôt que se risquer à être défaillante. Elle l'exprime assez clairement : « Si j'arrive pas de suite quand la maîtresse demande quelque chose, alors je ne suis pas bien. » Le « je ne suis pas bien » désigne à la fois son malaise

et son sentiment d'insuffisance : elle préfère renoncer que risquer l'erreur. À mes sollicitations, elle répond le plus souvent par : « Demande à maman, c'est maman qui sait. » Elle s'en remet totalement à l'autre, y compris pour un savoir sur elle-même. L'autre sait tout, il est encore une figure toute-puissante censée la protéger de toute défaillance.

Les conséquences sur les apprentissages sont notables. Puisque Zoé ne peut rien penser par elle-même, elle ne peut que répéter le savoir de l'autre. Elle a donc des bons résultats dans toutes les matières où il s'agit essentiellement de se remémorer (leçons à apprendre par cœur), mais elle échoue dès qu'il s'agit d'engager une réflexion propre. La plupart du temps, elle démarre à peine son travail et ce qui ressemble à une lenteur excessive est le résultat de doutes envahissants.

C'est à partir d'un rêve qu'elle commence à interroger sa position : « Il y avait une tour en livres très haute. Je devais grimper, c'était dur... » Ce rêve met en scène la hauteur (une tour) de l'idéal (les livres), et le poids du surmoi, instance morale interne constituée à partir de l'intériorisation des interdits et des exigences des parents (« je devais », dit Zoé). Elle passe alors du « Je pense à rien », qu'elle opposait à toutes mes sollicitations, à l'énoncé suivant que je rapporte tel qu'elle l'a formulé : « C'est comme un trou de mémoire, qu'est-ce que je ne veux pas savoir ? » Son blocage s'en trouve allégé et elle réussit à exprimer un peu plus ce qu'elle sait. Sa scolarité devient par conséquent moins problématique. Elle consent à reprendre dans ses séances le travail d'investigation qu'elle avait commencé à 5 ans et accepte d'affronter ce qu'elle ne veut pas savoir. C'est-à-dire ce qu'il en est de ses limites existentielles, qui se sont peut-être inscrites très tôt dans son savoir inconscient du fait de la menace vitale vécue à son arrivée au monde.

À ce moment de sa cure, le symptôme de la petite enfance se trouve éclairé par un nouvel apport puisque, les insomnies réapparaissant pendant quelques semaines, Zoé les mettra clairement en lien avec l'angoisse de la mort qui focalise son « horreur de savoir ». Il est possible que ce soit là le point d'insupportable qui l'empêchait de fermer les yeux dans le sommeil comme on le fait dans la mort, elle qui avait failli mourir et qui devait rester (r)éveillée.

Zoé retrouve sa vivacité infantile en acceptant d'abandonner l'illusion qu'un parent tout-puissant pourrait la protéger de tout, en particulier de la mort. D'une certaine façon, la réalité est inverse : tout parent, en donnant la vie à un enfant, le promet également, de ce fait même, à la mort.

Dans le destin du désir de savoir, destin que Zoé affronte, la pensée est parasitée par l'horreur de (se) savoir irrémédiablement seul. Les blocages de la pensée, le rabâchage, la mise en suspens de toute décision sont autant de mécanismes de défense contre l'angoisse qui habite la petite fille. Elle conserve cependant une curiosité assez forte pour être préservée en partie mais elle cherche à ne s'attacher qu'à des contenus vides de tout affect. Ainsi, nous l'avons déjà évoqué, certains sujets surinvestissent un domaine intellectuel qui sert d'écran à l'insupportable.

C'est le cas d'Antoine, jeune homme qui excelle en mathématiques et en physique jusqu'à devenir un enseignant reconnu dans ce domaine, mais qui est incapable de s'exprimer à l'oral et d'écrire plus de trois lignes personnelles qui l'engageraient. Son investissement dans les disciplines scientifiques est rendu possible par le fait qu'elles lui permettent de s'abriter derrière les énoncés, de ne jamais être lui-même sujet d'énonciation, ou seulement sous couvert d'une énonciation objectivée au maximum. La logique mathématique a en effet cette particularité de pouvoir se passer de la subjectivité. Elle peut par exemple « lire » et décrire une réalité inimaginable (les nombres transfinis par exemple, qui pourtant existent).

À l'inverse de ces symptômes « discrets », d'autres sont souvent repérés plus vite par l'entourage, car ils dérangent. Ce sont toutes les conduites parasites, les comportements d'évitement et de fuite, l'immaturité, l'instabilité, etc. Prenons l'exemple du défaut d'attention et de concentration. L'enfant est constamment « dans la lune », dans ses pensées. Son esprit voyage dans ses productions imaginaires, il est la plupart du temps absent à ce qui l'entoure et n'écoute rien ni des consignes ni des échanges avec les autres. Si l'enfant intervient, c'est à voix haute et hors de propos, car il raconte tout haut ses fictions personnelles. Il fait des fautes d'étourderie, oublie ses affaires, se laisse distraire par n'importe quel stimulus. Il ne peut soutenir son attention suffisamment longtemps pour apprendre, mais il est parfois capable de mémoriser ce qu'il a pu écouter ou trouver de lui-même, si le thème l'intéresse.

C'est le cas de Camille, 10 ans, dont les proches disent qu'elle est menteuse depuis sa petite enfance. Elle raconte des histoires alimentées par ses recherches sur Internet, qui se révèlent très efficaces. Elle y passe énormément de temps, négligeant totalement les devoirs strictement scolaires. Elle donne l'impression d'être envahie par son monde imaginaire, voire de ne plus être capable de faire la distinction entre ce qu'elle imagine et sa vie réelle. Son attention en est gravement affectée et ses résultats scolaires sont très irréguliers, selon qu'elle se sent ou non concernée par le sujet et qu'elle a pu s'appliquer à écouter.

Ce n'est qu'à l'orée de l'adolescence que Camille sera capable de prendre un peu de distance par rapport à son symptôme d'inattention et de rêverie. Elle sera alors en mesure de l'expliciter et de lutter contre lui. Fille unique de parents âgés et peu disponibles, isolée, elle s'est terriblement ennuyée et a fini par inventer un ami imaginaire avec lequel elle conversait en permanence. Au point qu'elle l'a quasiment halluciné comme réel, d'où l'impression inquiétante qu'elle donnait d'être sujette à un phénomène délirant. De fait, ses « mensonges » semblent plutôt être le symptôme d'un refoulement insuffisant, d'une satisfaction substitutive, autocentrée, en conflit avec la pauvreté de sa vie réelle.

Une autre position subjective symptomatique, l'immaturité, avec la persistance d'une grande dépendance à l'autre, rend toute réflexion personnelle difficile. Elle peut manifester la réticence à devoir grandir, à devoir quitter les protections dont bénéficie l'enfance. Le sujet qui la manifeste se maintient dans une demande régressive de maternage, ou vit dans une soumission passive qui lui rend toute pensée personnelle impossible. Il ne s'intègre pas dans sa classe, pleure facilement, s'isole.

Comme ce petit garçon, Renan, d'à peine 4 ans. Il se fait remarquer dès l'entrée à la maternelle par ses pleurs prolongés, par son opposition passive à toute contrainte, attitude qui a pour conséquence de l'isoler et de l'exclure des occupations collectives d'initiation propres à ce niveau. Il semble ne s'intéresser à rien de ce qui se passe autour de lui, ne participe pas aux comptines que les autres petits chantent ensemble, ni à aucune activité d'apprentissage. Sa réticence et ses plaintes poussent ses parents à le garder à la maison l'après-midi. Dès l'année suivante, il est en difficulté pour réaliser les petites tâches de graphisme, de reconnaissance des formes, de dessiner, ce qui prépare à l'écriture et à la lecture. Au point qu'à 5 ans, il est amené en consultation pour retard scolaire. L'investigation psychologique précise préalable à toute proposition de prise en charge révèle une immaturité importante, une fixation à une position très infantile et dépendante à la mère, et l'utilisation de défenses contre l'angoisse de séparation qui l'amènent à s'enfermer dans des positions régressives. Ne faut-il pas d'abord l'accompagner vers une acceptation de la destinée humaine, qui est de grandir et de se séparer, afin de pouvoir ensuite l'aider dans ses performances ?

D'autres comportements symptomatiques, liés ou non à une immaturité, rendent difficiles l'intégration et l'adaptation dans le groupe : agitation, opposition active, bruyante (bouderies, pleurs, colères), suffisance (enfant qui sait tout, n'a pas besoin d'apprendre), refus de se plier à l'autorité, exigence de mettre tout de suite en acte ses envies immédiates, etc. Toutes ces attitudes sont des conséquences d'une intolérance à la frustration, de la difficulté à supporter les limites. C'est ce dont témoignent les jeunes participants au groupe de lecture de *l'Odyssée*. Si la frustration leur est insupportable, c'est qu'ils refusent de reconnaître leur insuffisance. Or le processus d'apprentissage suppose de pouvoir supporter l'absence de satisfaction instantanée, de pouvoir se confronter à ses manques, de se risquer au ratage, c'est-à-dire d'accepter ses défauts, ses manques, d'avoir une certaine tolérance à l'échec. Échecs et erreurs font partie de la démarche d'intériorisation des connaissances comme des savoir-faire. L'erreur est partie prenante de l'apprentissage : sa correction permet l'assimilation ; son refus entraîne le blocage de toute expérience.

Autres conduites particulièrement gênantes dans une classe : l'instabilité et l'agitation. Ces symptômes ont une place à part car ils sont le plus souvent réunis aujourd'hui sous le diagnostic, devenu fréquent, d'hyperactivité, qui provoque parfois la prescription d'un traitement médicamenteux. L'enfant remue sans arrêt, se tortille sur sa chaise, se lève sans raison, parle de façon impulsive, répond à côté, etc. Ces symptômes, pas si récents, peuvent être réactionnels à une situation conflictuelle transitoire aiguë soit dans le milieu familial, soit dans la vie sociale (à l'école même) ; ils peuvent également être dus à un conflit œdipien un peu trop vif, l'enfant cherchant à fuir dans l'agitation une angoisse diffuse ou un état dépressif latent ; ou ils peuvent encore être le signe d'une pathologie psychique déjà installée. Lorsque la surexcitation est permanente et impossible à endiguer, elle demande une prise en charge globale de l'enfant.

L'instabilité psychomotrice accompagnée de difficultés, voire d'incapacité de concentration a été repérée et décrite depuis la naissance de la clinique de l'enfance au début du XIXe siècle[1]. Il s'agit d'un échec de l'inhibition sur sa face positive, structurante. L'enfant n'est donc pas assez inhibé et reste soumis à des exigences pulsionnelles insuffisamment régulées. Les conséquences dans le rapport au savoir sont massives puisque ces jeunes sujets n'arrivent pas à

1. Samacher R. (sous la dir. de), *Psychologie clinique et psychopathologie*, Paris, Bréal, 2005 (2e édition). Voir en particulier C. Wacjman, « Les origines de la psychopathologie en France ».

se poser suffisamment pour mémoriser et apprendre. Ils peuvent enregistrer, presque à leur insu, un certain savoir, mais se contentent d'associations immédiates sans jamais pouvoir les approfondir. Ce symptôme n'est nouveau que par son ampleur. Que doit-il à une surabondance d'informations bombardant l'enfant dès son jeune âge, au risque de dépasser les limites de la stimulation pour atteindre celles d'une incitation à l'éparpillement ? La course aux activités à laquelle beaucoup sont soumis, et pas seulement les enfants, ne laisse plus place à l'ennui, plage pourtant fructueuse d'un temps suspendu où l'imagination flottante permet à la pensée de se découvrir et de se développer.

Traiter le sujet et non son trouble

Que ce soit l'inhibition, l'angoisse ou les symptômes, ces entités ne prennent sens que dans le contexte global de la personnalité de celui qui les vit. De sorte que même si l'on pouvait établir une liste des comportements symptomatiques, il est impossible d'établir en face celle correspondante de méthodes qui permettraient de résoudre chacun d'eux. Depuis quelques années, les repères classiques de la clinique infantile disparaissent derrière l'inflation de désignations associées au terme de « troubles » : troubles du comportement, de la pensée, de l'humeur, etc. Des diagnostics de dysfonctionnements instrumentaux : dyspraxie, dyslexie, dysgraphie, etc. sont posés la plupart du temps sans substrat organique repéré. Se retrouvent rangés sous de vastes entités sémiologiquement vides, ou recouvrant des réalités très différentes, des phénomènes qui n'ont pas le même sens – et n'appellent pas la même approche – selon la structure psychique de personnalité où ils apparaissent. En l'occurrence les dysfonctionnements, difficultés d'apprentissage de la lecture, de l'orthographe, impossibilité de s'orienter dans le temps, dans l'espace, d'organiser ses activités, etc., peuvent être pour un enfant donné un symptôme, et comme tel une sorte de message révélateur de sa vie psychique. Reprenons l'exemple de l'hyperactivité : elle peut être aussi bien le résultat d'une éducation sans contrainte, autrement dit d'une non-éducation, qu'un symptôme névrotique, signe d'un trouble de résolution de la période structurante infantile ou, plus grave, la manifestation d'un désordre psychique. Par ailleurs, souvent les difficultés s'intriquent et à vouloir « rééduquer » un symptôme, on prend le risque qu'il soit remplacé par un autre, ou que surgisse une angoisse intolérable, contre laquelle précisément le symptôme faisait barrage. Il faut donc s'intéresser au sujet en son entier et pas seulement au problème qu'il présente.

En outre, le fait de méconnaître les problèmes psychiques des enfants entraîne des dégâts collatéraux de discrimination, là même où elle est censée être évitée – à l'école, où il ne suffit pas de bonne volonté, de générosité ni d'un certain savoir-faire pour intégrer un enfant en grande difficulté, lorsqu'il ne bénéficie pas par ailleurs d'une prise en charge spécifique. Le débat actuel sur l'autisme l'illustre. Les attaques contre des cliniciens psychiatres et psychanalystes ne servent qu'à masquer l'absence massive de lieux de soin et d'accueil pour ces enfants différents.

Parallèlement, l'extension de la notion de handicap, mot-valise qui peut désigner un handicap physique ou mental grave jusqu'à une difficulté légère d'apprentissage, balaie les frontières entre le normal et le pathologique. Ce statut s'est imposé pour que les enfants en difficulté puissent obtenir une aide spécifique dans le cadre scolaire, mais une des conséquences de celui-ci, et non des moindres, est d'identifier le sujet à ses difficultés. Par exemple un enfant n'est plus considéré comme *ayant* des embarras relevant d'une dyslexie mais comme *étant* dyslexique. Or entre avoir et être, il y a un écart qui passe d'une particularité à une identification. Ce n'est pas la même chose d'avoir un problème et d'être un problème.

Alex, 14 ans, en donne un témoignage instructif. Depuis l'âge de 8 ans, il est suivi médicalement pour une suspicion de myopathie que les multiples examens pratiqués n'ont jamais confirmée, jusqu'à ce qu'un psychologue rencontré à l'Association des paralysés de France (APF) évoque une causalité psychique et conseille à Alex d'entamer une psychothérapie. Cet adolescent peu vif, paraissant plus jeune que son âge, se saisit de l'offre et refuse désormais toute nouvelle investigation médicale. Il ne parle jamais en son nom, ne dit jamais « je » mais « on ». La plupart du temps ce « on » désigne le couple qu'il forme avec sa mère. De se mettre en situation d'être son partenaire l'entraîne dans des confusions, à commencer par celle des générations. Ainsi désigne-t-il sans hésitation son neveu comme son « petit-fils ». Il est totalement égaré, dans la vie comme à l'école, où ses résultats scolaires sont catastrophiques.

Il sort pourtant progressivement de l'enfermement où le maintenait l'étiquette « handicapé » et s'avère beaucoup plus éveillé qu'il n'y paraît. Lors de ses séances, il parle peu, mais pas pour ne rien dire. Peu à peu, il cesse d'idéaliser son père, qu'il vivait comme un Père Noël intemporel du fait de ses apparitions épisodiques mais généreuses, et il prend une certaine distance par rapport à sa mère. Lorsque je lui fais remarquer que c'est au même moment que son père a cessé de le voir et qu'ont commencé les manifestations somatiques qualifiées à tort de « myopathie », il répond : « Pas bête, j'ai pas fait la même relation. Peut-être je voyais trop maman », ce qui est sa façon de parler de sa trop grande proximité avec sa mère. La séance suivante, il évoque la raréfaction des colères violentes qui l'opposaient à elle et qu'il avait tues jusque-là : « J'avais honte » dit-il, confirmant que la pente incestueuse de la relation fusionnelle mère-fils ne lui échappe plus. Ses colères étaient la seule façon qu'il avait trouvée pour mettre de la distance entre eux. Dans la suite de l'entretien, il rapporte un événement notable qui témoigne de sa détermination à faire valoir son désir propre, déjà affirmé dans son refus de se soumettre au médical. Convoqué devant la commission statuant sur le taux de handicap, il déclare fermement qu'il n'est pas handicapé, ce qui est entendu et entériné.

À la rentrée scolaire suivante, il reprend rendez-vous avec moi. Il a intégré avec succès le lycée professionnel de la ville et vient de façon autonome à ses séances. Sa voix s'est posée, son allure est plus assurée, il a laissé derrière lui son identification déficitaire.

L'aide à apporter à Paul, 8 ans révolus, est plus complexe, car il présente un ensemble de symptômes témoignant d'une position psychique qui le rend imperméable aux apprentissages.

À l'école, il est « ailleurs » ; à la maison, il est assisté permanent. Il est né un an après la mort subite d'un bébé dont il porte le prénom. Il est orienté vers un CMPP à cause d'une inappétence scolaire généralisée et d'un échec à la hauteur de celle-ci. Immature, énurétique, peu soucieux d'être compris (il marmonne), il est très dépendant d'une mère qui le couve, comme on dit familièrement.

Paul vit dans un monde imaginaire peuplé de mangeurs d'hommes, de loups-garous, de morts-vivants qui se sustentent des humains ; et il exprime une peur sérieuse de servir un jour de nourriture à ces monstres. L'existence lui apparaît dans sa fragilité absolue. Son instituteur s'en inquiète, car à l'école aussi il fait des récits horribles dont le noyau est sensiblement toujours le même : un dévoreur est dévoré.

Au cours d'une des premières séances, il me raconte un cauchemar récurrent : « Des loups monstrueux m'attaquaient pour me manger. Je transpirais beaucoup. » Je rajoute : « beaucoup... trop », car je devine que cette répétition le mène – mouillé – dans le lit de sa mère, qui l'y accueille presque toutes les nuits.

Quelque temps après, il commence une séance en racontant un autre cauchemar : « Des invités venaient... à côté d'un terrier. La mère des renards me poursuivait, j'ai descendu la pente. J'avais pas vu le terrier. » Il précise que sa mère est présente dans le cauchemar, elle parle avec les invités et ne se rend pas compte qu'il est en danger : « Elle ne fait pas attention à moi. »

La scène n'est pas sans évoquer le cauchemar que Primo Levi fait alors qu'il est encore à Auschwitz : il est chez lui, entouré d'amis et de parents auxquels il raconte l'horreur du camp, et il s'aperçoit que personne ne l'écoute. Tous ces proches chers, « parlent confusément entre eux, comme si je n'étais pas là. [...] Une désolation totale m'envahit, comme certains désespoirs enfouis dans les souvenirs de la petite enfance : une douleur à l'état pur...[1] ».

1. Levi P., *Si c'est un homme*, Paris, Julliard, 1988, p. 64.

Paul précise que les invités sont « des hommes », et que sa mère s'amuse et ne fait pour une fois guère attention à lui. En somme, le cauchemar vient présenter la scène de la castration : Paul ne satisfait pas totalement sa mère, puisqu'elle se détourne de lui pour s'intéresser à « des hommes ». L'absence de son père avait jusque-là laissé place à l'illusion qu'il pouvait en quelque sorte le remplacer mais son inconscient, par l'intermédiaire de ce cauchemar, la dissipe.
Paul continue son récit : le terrier ouvre sur une galerie, un trou dans la terre où sont cachés des renardeaux et où il pourrait être enterré – à la fois tombe de l'enfant mort et lit vide de la mère qu'il tente de combler. Il réussit cependant à échapper à la mère renard, ce qui présume qu'il commence à assumer la détresse primitive d'être radicalement seul, et qu'il va pouvoir se débrouiller seul précisément.

Les deux cauchemars de Paul scandent le passage de l'impossibilité d'être séparé à la nécessité de le supporter. Dans un premier temps, combler la mère veut dire être avalé tout entier : l'on peut se satisfaire d'être l'objet de l'autre mais au prix de ne pas être sujet à part entière. C'est la position de Paul dans ses symptômes. L'énurésie lui sert de prétexte pour ne pas dormir seul, l'immaturité le laisse dans la dépendance, le retard de parole justifie qu'il ne parle guère en son nom, le refus d'apprendre recouvre celui de grandir. Dans un second temps, celui du second cauchemar, ne plus être pour partie au centre de l'attention, assumer la fondamentale solitude de l'être, est le prix à payer lorsqu'on lâche sa valeur d'objet exclusif de l'autre (maternel, à l'occasion). C'est pourquoi tout le temps de structuration de l'enfance est un trauma bénéfique[1] ; il permet, certes dans la douleur, la séparation et l'autonomisation.

Depuis ces séances, Paul s'intéresse un peu plus à son statut d'écolier, il n'est plus énurétique et il est nettement plus « présent » dans la vie.

En deçà du désir de savoir

L'échec dans les apprentissages, en particulier scolaires, peut être le symptôme, signe visible, repérable, d'un blocage psychologique, d'un destin entravé du désir d'apprendre, nous l'avons vu. Il peut également être la conséquence d'une pathologie psychique ou d'une défaillance cognitive lorsqu'il est le résultat d'un déficit sensoriel ou intellectuel avéré. Dans ces deux cas, les difficultés dans le rapport au savoir relèvent moins d'une défaillance du désir que d'une impossibilité.

Les pathologies psychiques

Les pathologies psychiques (les psychoses) sont des atteintes du psychisme qui perturbent de façon plus ou moins importante les capacités mentales et intellectuelles. En effet les potentialités d'acquisition dépendent de la construction car la structure psychique et les difficultés à accéder aux savoirs peuvent se présenter comme difficilement franchissables dans certains cas graves de psychose.

L'autisme est une catégorie à part, considéré soit comme pathologie psychique grave, soit comme handicap. Je laisse ce débat de côté pour m'en tenir à ses conséquences.

1. Menès M., *La « Névrose infantile », un trauma bénéfique*, *op. cit.*

L'enfant autiste ne peut ou refuse (c'est une hypothèse qui peut être posée pour certains autistes) d'entrer dans le langage. La langue pénètre l'*infans*, celui qui ne parle pas encore, comme une chose réelle. Certains enfants ne supportent pas cette intrusion et se bouchent les oreilles pour ne pas entendre. C'est le cas de l'autiste qui reste en amont du langage même s'il parle, au sens où il articule des mots. Il n'est pas sujet de son énonciation, il ne se sert pas des mots pour communiquer ou *a minima,* dans un registre strictement fonctionnel. Il a besoin d'y être d'une certaine façon forcé, certains autistes réussissent à communiquer. Les apprentissages sont le plus souvent acquis de façon mécanique, même chez les autistes dits savants (syndrome d'Asperger[1]) qui souvent engrangent et retiennent une masse d'informations sur un sujet précis sans grande possibilité d'en faire quelque chose. L'enfant qui rabâche des connaissances sans âme est plus souvent autiste que surdoué. Celui qui ne s'intéresse de façon compulsive et monomaniaque qu'à un seul domaine, s'il voit sa capacité de curiosité intacte, ne s'en sert pour autant que d'une façon autarcique. Ainsi Nora, 8 ans, qui est capable de reproduire parfaitement n'importe quelle chanson entendue, ne serait-ce qu'une fois, répétant toutes les paroles avec le ton, voire l'accent du chanteur. À un début de séance, je l'entends reproduire les grésillements et la voix nasale typique des chansons d'avant-guerre enregistrées en 78 tours. C'est ce qu'elle vient d'entendre à la radio dans la voiture qui l'a amenée en consultation. Ou encore

1. Le film *Rain Man* du réalisateur Barry Levinson (1988) donne une bonne idée de ce qu'est l'autisme d'Asperger. Le héros, savant autiste, y fait preuve de capacités de calcul mental exceptionnelles dont son frère se sert pour faire des martingales dans un casino. Mais ce jeune homme est incapable d'avoir une relation à peu près banale avec le monde et avec les autres, il vit isolé, ne communique pas, n'a aucun sens des codes relationnels.

Yannick, 5 ans, qui récite toutes les planètes du système solaire, embraye sur des soustractions qu'il écrit directement au tableau sans faute tout en chantonnant une poésie. Que fait-il ? Il débite et reproduit de façon mécanique les devoirs que son frère aîné apprenait tout haut. Pour lui et pour Nora, il a plutôt fallu freiner la compulsion à apprendre, qui faisait ritournelle sans signification, et tenter d'orienter leurs compétences vers des activités susceptibles de leur faciliter le lien social.

Dans les psychoses, le sujet fait un usage privé de la langue (il n'y a que lui qui se comprend), invente une langue qui lui est propre, ou encore s'exprime de façon incompréhensible. Le psychotique n'est pas hors langage, comme l'autiste, mais il reste hors discours, c'est-à-dire plus ou moins séparé de la capacité à entrer en relation, à se faire comprendre, à comprendre le sens commun, signification générale qu'un groupe culturel défini accorde aux mots. Ceux-ci restent pour lui collés à la réalité qu'ils désignent. Ainsi sont-ils toujours pris à la lettre, rendant impossibles ces glissements métaphoriques qui font la liberté de l'expression. Quentin, 9 ans, en témoigne. Lorsque son institutrice lui déclare : « Prends ta chaise, elle ne va pas venir toute seule », il réagit par une crise d'angoisse paroxystique. Cette phrase signifiait pour lui que les objets sont susceptibles de se déplacer seuls et par conséquent de devenir potentiellement dangereux. L'on comprend alors qu'une grande part des apprentissages lui reste hermétique.

Moins évidents sont les traits relevant de la paranoïa, et pourtant eux aussi peuvent invalider les apprentissages.

Julien, 10 ans, interprète toutes les demandes de son institutrice comme des attaques à son encontre. Estimant subir une agression, il refuse toute participation au

> *travail scolaire en classe. Il a fallu inventer une forme d'interaction neutre, dégagée de toute demande (mettre à sa disposition, proposer à la volée), pour qu'il puisse se mettre au travail.*

Le mécanisme interprétatif de Julien repose sur la conviction que toute femme, à commencer par sa mère, lui veut du mal. C'est un délire à bas bruit. Il n'est pas toujours facile à repérer chez de jeunes enfants. Comment comprendre que Marina, 7 ans, se déshabille entièrement et commence à se barbouiller tout le corps quand la consigne était de dessiner le contour de sa main, puis de peindre le dessin ainsi obtenu ? C'est qu'à imaginer la représentation de sa main séparée de son corps, elle a craint, dans une extrême angoisse, de la perdre réellement. De là sa tentative de l'amarrer à nouveau au corps en rétablissant la continuité organique par la peinture.

Pour que le désir de savoir opère, il faut d'abord qu'il puisse surgir, que l'enfant ne rencontre pas d'entraves mentales internes. Le psychotique reste à la porte de l'Œdipe, il ne peut élaborer des théories explicatives du monde. À la place, il construit un délire qui est une interprétation figée et personnelle du monde et de la vie. Celui-ci peut être très discret, passer pour une fantaisie sans conséquence. Pourtant, toute la perception de la réalité en est affectée, et par conséquent les possibilités d'acquérir la connaissance de ce qui la définit.

Pierre Desproges, artiste réputé pour son anticonformisme et son humour noir, utilisait une blague très courte et très claire pour définir la différence entre le névrosé et le psychotique : « Le névrosé sait que 2 + 2 = 4 et ça le rend malade ; le psychotique sait que 2 + 2 = 5 et il s'en fout. » Voilà, l'on s'en doute, qui limite singulièrement les possibilités pédagogiques.

Les retards intellectuels et les déficits

Ce que l'on appelle « retard intellectuel » mérite un détour. Loin de recouvrir un groupe spécifique, cette dénomination désigne aussi bien les états de déficience intellectuelle liés à certains syndromes ou anomalies chromosomiques ou/et génétiques que des dysfonctionnements importants de la pensée. L'étiologie en est vaste : endogène (déficit lié à un syndrome, par exemple la trisomie), exogène (accidents cérébraux), carentielle (absence massive de stimulation).

Certaines atteintes somatiques ou handicaps sensoriels diagnostiqués tardivement peuvent être responsables de difficultés d'apprentissage. La surdité, par exemple, qui prive de l'accès au langage parlé, peut entraîner un retard dans les capacités d'abstraction, et par conséquent des embarras quant à l'acquisition des symboles tels les chiffres et les lettres. C'est pourquoi il est important d'établir précocement devant un enfant en difficulté scolaire un diagnostic différentiel pour repérer un éventuel problème somatique.

Je me souviens d'une enfant rencontrée au début de ma carrière. Elle m'avait été adressée pour autisme au seul motif qu'elle ne parlait pas du tout. À 7 ans, Coralie était en total échec scolaire. Mais elle entrait en relation à travers des gestes, acceptait l'échange dans des jeux et, de toute évidence, cherchait à comprendre ce que je lui disais. Elle me fixait en permanence. Rien de tout cela n'évoquait un tableau d'autisme. Un bilan ORL a diagnostiqué une surdité profonde, d'origine congénitale. Une fois appareillée, et avec le soutien de séances d'orthophonie, Coralie a récupéré assez vite son retard. Les examens pratiqués sur la fratrie ont également permis un diagnostic précoce de surdité pour un de ses petits frères, lui évitant de rester des années enfermé dans le silence.

De la même façon, certains accidents cérébraux peuvent entraîner des défaillances selon la sphère cérébrale atteinte. Étonnamment, les possibilités de récupération sont possibles, comme en témoigne ce cas, exemplaire du décalage entre l'image cérébrale et les conséquences réelles.

Ce bébé ayant eu un hématome sous-dural à l'âge de 4 mois avec une détresse respiratoire associée, présente une lésion cérébrale droite importante qui devrait provoquer une hémiplégie et un retard global du développement. Or à 10 mois, soit à peine 6 mois après l'accident, il entre en crèche et se comporte absolument comme les enfants de la section qui l'accueille, au point que la directrice, puéricultrice expérimentée, pense à une erreur lorsqu'elle reçoit son dossier médical. À un an et demi, le petit garçon marche, commence à articuler plusieurs mots, et les tests d'évaluation le situent dans la moyenne de son âge. Il ne garde de son accident qu'une légère crispation de la main gauche.

L'évolution et la récupération de ce bébé prouvent que le développement psychomoteur et intellectuel dépend tant de l'équipement physiologique (neurologique et cognitif) que de l'influence de l'environnement relationnel (affectif, familial, social, culturel), voire de la volonté et du désir propre au sujet. Car la seule explication donnée pour l'instant à son excellent développement est que l'enfant a pu compenser son handicap grâce aux stimulations de ses proches et aux prises en charge, psychomotrice, kinésithérapique, psychologique dont il a bénéficié.

Le Q.I.[1], ou quotient intellectuel, issu de l'échelle d'évaluation créée en 1908 par Binet et Simon, risque de donner une illusion d'objectivité à une réalité très complexe. C'est notamment le cas lorsque, réactualisé aux exigences performatives de l'époque, il est censé détecter des surdoués. Certains enfants parviennent en effet très bien à une forme d'apprentissage mécanique et à des performances de mémorisation qui peuvent masquer l'incapacité où ils sont de penser ce qu'ils disent, et même de le comprendre.

Certes, une évaluation globale des compétences, voire du Q.I., avec des tests faisant appel à différentes aptitudes, établie par un psychologue, peut être utile pour ne pas engager un jeune dans un cursus inadapté et l'entraîner vers un échec ou vers une voie de garage. Elle permet notamment, grâce à une écoute attentionnée autant qu'attentive, de ne pas confondre carence culturelle et manque de moyens intellectuels, vernis social et intelligence, aptitudes intellectuelles exceptionnelles et mécanismes subnormaux de mémoire. Elle peut également apprécier les effets de rupture de tradition, de transmission, dans le passage d'un milieu culturel à un autre. Ce qui sera déplacé, voire interdit là (manifester ses affects, par exemple) sera valorisé ici comme le témoignage d'une capacité d'expression libre. Partagés entre le désir d'installation dans le groupe d'appartenance qu'ils fréquentent et celui de rester fidèles à leur milieu d'origine, certains jeunes peuvent s'interdire une réussite qui creuserait le fossé entre eux et leurs proches. Dans un film de Guédiguian, *Dieu vomit les tièdes*, la mère

1. « Intelligence » vient du latin *intellegere* qui veut dire littéralement « lire entre », comprendre. L'intelligence est la faculté de comprendre au-delà du sens littéral, d'établir des liens, de comparer, d'imaginer des rapports entre une chose et une autre, un concept et un autre. Le Q.I. est calculable à partir de 4 ans sur la base de la mise en rapport de l'âge mental et de l'âge chronologique.

déclare à son fils dépressif – qui revient de Paris où il est enseignant-chercheur pour se replonger dans les faubourgs marseillais populaires dont il est issu : « Si j'avais su, je ne t'aurais pas autant poussé à travailler à l'école, maintenant, tu n'es pas normal ! »

Le Q.I. est une donnée variable, ni stable ni définitive, et très dépendante de ce que l'enfant a pu apprendre, des conditions de passation du test tout autant que du contexte affectif où se trouve l'enfant à ce moment donné. Le Q.I. peut s'améliorer (c'est souvent le cas pour les enfants en psychothérapie) ou se détériorer dans une situation de carence importante de soins et de relations, comme nous l'avons vu pour l'hospitalisme. Il n'est qu'un instantané saisi à un instant « t » et susceptible de varier. Par ailleurs, il ne mesure que ce qui est mesurable : mémoire, capacité à résoudre un problème nouveau, à procéder à une démarche de déduction et à planifier une action. Il ne mesure pas, évidemment, l'état du sujet par rapport à ses capacités désirantes, pourtant déterminantes dans l'empêchement ou au contraire la fécondité du rapport au savoir, ce dont atteste l'histoire d'Olivier.

Âgé de 16 ans, Olivier est amené à consulter pour une chute brutale de ses résultats scolaires, qu'il ne comprend pas. Jeune homme réservé, peu loquace, à la limite de l'inhibition, il doit faire un effort pour se prêter à la règle fondamentale en séances de psychothérapie, qui est de dire tout haut ce qui lui passe par la tête. À l'entendre, il ne passe pas grand-chose. Cependant il raconte à mi-mots ce qui lui arrive : il est amoureux pour la première fois et totalement absorbé par ses émois, au point de ne plus pouvoir suivre les cours ni faire le travail requis. Et ses mauvais résultats entraînent des conflits familiaux importants. Il s'avère

de plus que les difficultés scolaires ne sont pas récentes, mais qu'elles étaient surmontées jusqu'ici grâce à un intense soutien familial.
À cette époque, il a un accident de vélo assez grave. Bien qu'il n'en soit en rien responsable, il l'interprète comme une punition méritée. Méritée pourquoi ? Où est sa faute ?
Il raconte un rêve : « Mon frère était en train de mourir... », et il associe sur sa crainte que son père ait un accident. Je lui fais remarquer qu'il se débarrasse ainsi d'un seul coup de ses deux rivaux.
Sans la moindre raison, il se met à s'éloigner de sa jeune amoureuse, à laquelle il ne déclare pourtant pas une rupture franche. Que la décision vienne de lui ne l'empêche pas d'être triste, sans désir ni intérêt pour rien. Il se souvient d'avoir traversé les mêmes affects vers l'âge de 6 ans, lorsque son frère est né et que, enfant unique jusque-là, il a dû faire avec cet intrus. Il glisse alors de l'évocation de sa détresse à celle d'une agressivité qu'il n'exprime cependant jamais et qu'il a conscience de masquer sous une affabilité de surface. Il ne voudrait pas que les autres le démasquent. Je lui rappelle alors le rêve qui exprimait le vœu que son frère disparaisse. Cette pensée[1]*, bien qu'inconsciente, provoquait un sentiment de culpabilité qui explique sa conviction de mériter une punition.*
À ne pas pouvoir se faire à la différence entre un amour exclusif, dont le prototype fut celui qu'il a partagé avec sa mère, et des amours et intérêts partagés, Olivier navigue à courte vue entre le tout et le rien, doute, hésite. Il achète un cadeau pour sa petite amie mais ne

1. Dans la tradition chrétienne dont Olivier est issu, le péché peut être par action, par omission ou par pensée.

le lui offre pas, se noie dans le travail de bachotage mais avec si peu de résultats qu'il redouble, a envie de s'amuser et de sortir avec des copains mais les fuit, etc. Un rêve contribue à le sortir de cette paralysie de la pensée et de l'acte : il est devant une porte fermée qu'il franchit cependant. Il se retrouve au bord d'une piscine. Son amie le prend dans ses bras et saute dans l'eau en l'entraînant. Va-t-il continuer à plonger, comme il le fait scolairement, ou bien va-t-il enfin se décider à se mouiller un peu ? Pour l'instant, le rêve lui révèle son choix de faire le mort, qu'il avait déjà évoqué sans en mesurer les conséquences paralysantes, en aspirant à un arrêt du temps qui lui permettrait de ne jamais quitter le paradis de l'enfance, pourtant perdu depuis longtemps.

Olivier s'est installé dans une paralysie mentale telle que ses résultats au test de niveau passé en consultation d'orientation sont déficitaires. Il est clair que dans son cas, le doute et l'inhibition sont tels qu'ils invalident son intelligence. Repasser par les rets de sa construction, de ses liens à l'autre parental et à son histoire propre, peut lui permettre de sortir d'une position débilitante. La déficience, dans ce cas, est à considérer comme un symptôme et non comme un déficit. C'est une position de retrait, de mise à l'écart, où le retard intellectuel est souvent associé à des troubles affectifs et/ou comportementaux, manifestation d'une impasse psychique dont le sujet peut sortir, comme on l'a vu dans le cas d'Alex.

*

La façon dont les difficultés mentales et/ou intellectuelles sont vécues et acceptées par les parents, par l'entourage, à travers leurs craintes, leurs représentations, leur culpabilité, conditionne les apports et stimulations accordés à l'enfant. Cela affecte en retour les interactions avec lui et atténue ou aggrave ses difficultés. Tout enfant est un sujet à part entière et doit faire avec ce qu'il est et ce qu'il a autant qu'avec ce qu'il n'est et ce qu'il n'a pas. La dimension d'un sujet humain ne peut être évacuée par une réduction à un diagnostic et par la mise en place de solutions techniques de rééducation. Les aléas du désir de savoir sont toujours, atteinte organique réelle ou pas, liés à un vécu psychologique où interviennent les conditions éducatives et affectives, et à un vécu psychique où interviennent les embarras liés au travail de l'inconscient. Un autre enfant que Nadja, présentée au chapitre II, aurait pu avoir des séquelles psychiques graves consécutives à l'absence d'échanges qu'elle a subie.

Des prérequis non intégrés, par exemple lorsque la langue utilisée à l'école est peu ou mal maîtrisée, peuvent provoquer des retards d'acquisition qu'il ne faut pas confondre avec un retard intellectuel. Là encore, chacun dépasse plus ou moins vite la difficulté. J'ai connu une enseignante, immigrée avec sa famille en Australie vers l'âge de 10 ans, qui n'a cessé depuis d'écrire ses journaux intimes en trois langues : sa langue maternelle, l'italien ; la langue qu'elle avait commencé à apprendre à l'école, le français ; et la langue de son pays d'accueil, qu'elle ne connaissait pas du tout en y arrivant, l'anglais.

Devant un enfant qui présente des difficultés d'apprentissage, voire un retard scolaire important, il est prudent d'explorer toutes les hypothèses d'explication avant de conclure à un diagnostic de déficience. D'autant que repérer les différents facteurs en cause oriente les aides à lui proposer. Il y a la plupart du temps un mélange de facteurs extérieurs et de facteurs personnels, affectifs – disons, globalement psychologiques. Et le vécu peut entraver autant que favoriser les acquisitions. Ainsi Sandrine, placée depuis l'âge de six mois dans un foyer et délaissée par ses parents, n'apprendra à lire que lorsque son institutrice aura la bonne idée de lui proposer des livres qui ne racontent pas des situations familiales joyeuses, totalement opposées à son expérience. Il était trop difficile pour elle, qui ne connaissait ni son père ni sa mère, de s'identifier aux heureux petits enfants du livre de lecture et d'entrer suffisamment dans les histoires qu'il racontait pour s'y intéresser. Cela ne faisait au contraire que lui rappeler sa propre situation de solitude.

5

Qu'est-ce qu'apprendre ?

Le verbe « apprendre » vient du latin *apprehendere* qui signifie « prendre ». Apprendre, c'est d'une part acquérir des connaissances abstraites ou concrètes, les stocker et les réaménager régulièrement les unes par rapport aux autres en fonction de ce que l'on continue à acquérir. C'est d'autre part pouvoir se saisir d'un savoir ou d'un savoir-faire, se l'approprier par répétition, par imprégnation visuelle (on apprend en regardant l'autre faire), par mémorisation. Mais l'être humain n'est pas un simple magnétophone qui enregistrerait sans comprendre. Apprendre suppose de développer une capacité à penser les contenus multiples et différents que l'acte d'acquisition vise. Cela suppose donc de raisonner, déduire, concevoir, imaginer, critiquer, etc. La capacité d'apprendre n'est pas spécifique à l'espèce humaine. Le sont en revanche celle de comprendre ce que l'on apprend tout autant que celle d'apprendre parce que l'on comprend.

Apprendre sans le savoir

Nous l'avons vu, pour le petit humain apprendre se présente d'emblée comme une nécessité vitale. On commence donc à apprendre sans le savoir. C'est d'abord par imprégnation passive et par imitation active que se font tous les apprentissages que l'on dit « spontanés » de la petite enfance : parole, gestes, mimiques, etc. C'est ce qui explique le phénomène fréquent de ressemblance entre un enfant adopté et son parent adoptif. En effet, l'enfant trouve d'abord les informations qui constituent ses premières connaissances chez son partenaire le plus proche, qu'il va littéralement copier, auquel il va totalement s'identifier. Le petit enfant doit intégrer à la fois les savoir-faire qui recouvrent les premières acquisitions (manger seul, devenir propre, etc.) et des connaissances d'ordre pratique (ce qui est dangereux pour lui, ce qui est interdit, etc.) afin d'acquérir une certaine autonomie et de s'insérer dans le monde. La perception permet déjà d'acquérir un savoir, l'expérience l'enrichit[1]. Puis la capacité d'analyser des données variées s'installe, l'enfant observe, tâte et écoute ce qui lui est dit. Il oriente ainsi progressivement sa curiosité vers la sphère intellectuelle. Les enfants ne savent pas qu'ils sont en train d'apprendre et les parents ne savent pas qu'ils sont en train d'enseigner. Des gestes au savoir pratique, de l'expérience aux connaissances, des règles à la culture, le savoir nécessaire à la vie se transmet par immersion. La transmission se fait d'abord passivement, par l'intégration spontanée de la culture présente et disponible dans les lieux de vie du quotidien (l'école, la rue, les maisons des amis où l'on découvre d'autres informations que chez soi, etc.). Parce qu'elle est porteuse de règles d'existence, de modes de relations, de petits savoirs ordinaires, la culture est enseignante. C'est de cette constatation que partent les professeurs qui réveillent l'intérêt de leurs élèves pour les apprentissages grâce à des œuvres littéraires classiques[2].

1. C'est ce que Spinoza appelait la connaissance du premier genre : chacun connaît quantité de faits qu'aucune science n'apprend ni ne garantit.

2. Voir le film d'Abdelatif Kechiche, *L'Esquive* (2002), qui met en scène l'apprentissage et la représentation théâtrale par une classe de 3e du *Jeu de l'amour et du hasard* de Marivaux.

Il existe ainsi une forme d'apprentissage permanent qui se déroule sans que le sujet s'en rende compte. Des méthodes pédagogiques sont nées de cette constatation. Joseph Jacotot, qui fut lecteur à l'université de Louvain vers 1818[1], devait enseigner le français à des étudiants n'en sachant pas un traître mot. Étant lui-même totalement ignorant du hollandais, il leur confia une version bilingue du *Télémaque* de Fénelon en les priant d'apprendre par cœur le texte français et de le comparer à sa traduction hollandaise. Il leur demanda de s'immerger dans le français, de décomposer les phrases, de comparer les mots qui se répètent dans des contextes différents afin d'en déduire le sens. Au bout d'un certain temps de cette immersion, Jacotot demanda à ses élèves de répondre par écrit, en français, à quelques questions sur le texte. Et là où il s'attendait à un affreux charabia, il trouva des réponses dignes de n'importe quel élève moyen. Sa méthode consistait à replonger les étudiants dans la situation d'apprentissage naturel de la prime enfance. Et en effet, les jeunes gens ont fait appel à des mécanismes similaires à ceux qui servent à s'approprier la langue maternelle : l'imprégnation pour l'acquisition et la comparaison pour la compréhension.

Ernesto, jeune garçon inventé par Marguerite Duras dans son roman *La Pluie d'été*, dont elle précise qu'elle l'a conçu à partir d'une histoire réelle, déclare ne plus vouloir retourner à l'école parce qu'on lui apprend là-bas des choses qu'il ne sait pas. À l'instituteur compréhensif qui lui demande comment il est possible d'apprendre si l'on se refuse d'apprendre ce que l'on ne sait pas, Ernesto répond : « On apprend quand on veut apprendre [...] en ne pouvant faire autrement sans doute. » L'instituteur insiste : « Mais comment ??? » Ernesto persiste : « Comment ça

1. Voir Rancière J., *Le Maître ignorant*, Paris, Fayard, 1987.

se passe ? Il me semble que j'ai dû le savoir une fois. Et puis j'ai oublié... » Commentaire de l'instituteur : « Nous nous trouvons devant un enfant qui ne veut apprendre que ce qu'il sait[1]. »

Faut-il en conclure hâtivement que l'on n'apprend que ce que l'on sait déjà ? Dans le fond, c'est ce que me dit Sofian, 4 ans et demi, lorsque je m'aperçois qu'il déchiffre les mots d'une affiche. Stupéfaite, je lui demande : « Comment as-tu appris à lire ? » « Tout seul », me répond-il tranquillement. Il est vrai que depuis ses premières semaines, son entourage lui lit de nombreux livres pour lesquels il a un extrême intérêt. Depuis longtemps, il est demandeur de lecture, anticipe les mots à venir dans les textes qu'on lui lit et qu'il retient très vite par cœur. Il a donc probablement appris ainsi, par imprégnation, puis par déduction. Lui a envie, désire savoir lire pour pouvoir s'adonner à sa passion sans avoir à recourir à un adulte. Comme Ernesto, qui explique pourquoi en avouant à l'instituteur ce que furent ses premiers mots écrits : « C'était pour ma sœur, j'écrivais que je l'aimais. » Il apprend à lire et à écrire seul dans un vieux livre trouvé sous un arbre, et c'est pour écrire des mots d'amour à sa sœur. Mais lui aussi, bien qu'issu d'une famille pauvre et marginale à l'opposé de celle, privilégiée, de Sofian, a des parents lecteurs : une mère qui a appris à lire avec son mari, un père qui ramasse les livres abandonnés dans les poubelles. C'est dire qu'il y a aussi dans cette famille une transmission implicite du désir de (savoir) lire.

À travers Ernesto, Marguerite Duras décrit le processus à la base de toute acquisition. Il « était censé ne pas savoir encore lire à ce moment de la vie et pourtant il disait qu'il avait lu quelque chose du livre [...] Comme ça, sans y pen-

1. Duras M., *La Pluie d'été*, Paris, Gallimard, coll. « Folio », 1990, p. 78-81.

ser et sans même savoir qui le faisait [...] Il avait donné à tel dessin du mot, tout à fait arbitrairement, un premier sens. Puis au deuxième mot qui avait suivi, il avait donné un autre sens [...] jusqu'à ce que la phrase veuille dire quelque chose ». Et plus loin Ernesto déclare : « On comprend d'abord un petit peu [...] quelque chose [...] et puis tout. Au début, c'est lent et puis un jour on comprend tout. C'est d'un seul coup [...] c'est foudroyant[1]. »

C'est ce phénomène de conjonction, de mise en relation foudroyante que souligne également Lacan : « Savoir quelque chose, n'est-ce pas toujours quelque chose qui se produit en un éclair ? [...] Il est sensible à la façon dont un enfant manie son premier alphabet, qu'il ne s'agit d'aucun apprentissage mais du collapsus qui unit une grande lettre majuscule avec la forme de l'animal dont l'initiale est censée répondre à la lettre en question[2]. »

Apprend-on à parler ?

> « Avant de pouvoir dire "je désire", il faut avoir dit "je". »
>
> Condillac, *Traité des sensations* (1754)

L'intériorisation du langage est le préalable nécessaire à tous les autres apprentissages, et ses difficultés d'acquisition ou d'usage ont des répercussions importantes sur ceux-ci. Le langage est un instrument de développement de la pensée, un moyen spécifiquement humain de transmettre. Il sert de support à la communication particulière de l'humain et

1. Duras M., *La Pluie d'été*, *op. cit.*, p. 103.
2. Lacan J., *Le Séminaire XVI. D'un Autre à l'autre*, *op. cit.*, p. 200-201.

anticipe le passage de signes vocaux (expression orale) à des représentations graphiques (l'expression écrite qui par convention représente les différents sons). C'est un instrument d'échanges. Il permet d'acquérir des connaissances, de les trier et de les choisir, de les analyser et de les évaluer, de les faire progresser. Il participe aux rencontres et aux échanges avec autrui constamment, permettant donc de s'instruire au-delà des cercles restreints familiers.

L'enfant, qui apparaît d'abord comme une cire vierge, pur vivant marqué de nul savoir préalable, est « causé » par les paroles qui l'anticipent et qui « causent » de lui. Il est appelé par son prénom avant même sa naissance, et depuis la généralisation de l'échographie, il est même sexué avant d'apparaître dans la réalité. Il est parlé par tout un discours qui lui préexiste et lui attribue des caractéristiques. Il est nommé d'un nom de famille qui l'installe dans une histoire, une généalogie et un projet. Le langage constitue le sujet dès sa naissance et il continue à le modeler toute sa vie. Les mots qui servent à discuter de l'attente, de la venue au monde d'un nouvel enfant, transportent, pour partie à leur insu, les idéaux parentaux, leurs espoirs mais aussi leurs attentes et leurs craintes, ainsi parfois que celles de la communauté d'appartenance. Comme quand des familles gitanes ayant besoin d'un nouvel instrumentiste, les musiciens du clan jouent de l'instrument concerné durant toute la grossesse de la mère de l'enfant choisi pour en être un interprète. Ainsi le langage sert de support d'identification, non seulement au sens d'une reconnaissance : « Tu es X », mais aussi d'une destinée annoncée : « Tu seras musicien ».

Enfin le langage est porteur de la fonction symbolique : il donne les codes collectifs et usuels d'interprétation de la réalité. Pour que le monde ne reste pas chaotique et privé de sens, l'enfant a besoin de connaître et d'intégrer l'ensemble de ces codes. Par l'intermédiaire des lois véhiculées par la parole, il apprend les interdits fondamentaux qui agencent et règlent les liens sociaux et les relations aux autres en mettant chacun à sa place.

Support d'apprentissage, support de transmission, support d'accès au sens, le langage lui-même est-il un savoir qui s'apprend ? Apprend-on à parler ?

L'intériorisation du langage

Comment un enfant incorpore-t-il les mots de l'autre ? Les mots qui viennent de sa mère ou de quiconque en fait fonction ainsi que du monde environnant sont assimilés par l'enfant qui les intériorise sans volonté consciente. La langue maternelle est d'abord intégrée sans être comprise. Dès son premier cri, le nourrisson rencontre les paroles que l'autre lui propose pour dire ce qui lui arrive et ce qu'il demande : il crie, et quelqu'un interprète ses cris. Nous l'avons vu avec les pulsions, en nommant l'objet de l'appel, l'autre primordial de la relation, le personnage maternel, donne sens à la voix du bébé, et transforme des manifestations primitives, instinctives, expressions de besoins organiques, en demandes articulées : « Tu pleures parce que tu as faim, n'est-ce pas ? » En même temps qu'elle interprète le cri de l'enfant, cette mise en mots porte la demande de l'autre maternel. Le : « Tu as faim » s'accompagne implicitement de « Je te demande de manger, d'avaler ce que je te donne, de l'aimer et de m'aimer en même temps, moi, la main nourricière ». L'enfant va donc avaler ces paroles avec le lait pour pouvoir à son tour parler tout en se pliant à la demande qu'elles formulent. Il doit assimiler les mots que lui fournit l'autre pour pouvoir donner un nom à ses propres besoins.

La langue originelle[1], ensemble de sons non identifiables dans un premier temps, mélodie aux paroles indistinctes plus que discours établi, est un savoir qui ne s'apprend pas mais s'acquiert sans en avoir conscience. Elle est agrammaticale, sans distinction entre les mots, pleine d'équivoques qui demeurent dans les « mots d'enfants ». Ainsi cette petite fille surnommée affectueusement Ma zou par sa mère conjuguera en classe : « J'ai un poêle à mazout, tu as un poêle à ta zou » etc. ! Ou ce petit garçon signalera à sa grand-mère que l'entonnoir est un « ento… pas noir mais jaune » !

La langue primitive est indestructible. C'est la langue des affects, un langage privé qui laisse des traces indélébiles chez tout être parlant. Elle réapparaît parfois chez des adultes ayant passé les premiers mois de leur vie immergés dans une langue différente que celle qu'ils utilisent, par exemple parce qu'ils ont été aux soins d'une nounou étrangère. Il arrive que la langue qui apparaît dans leurs rêves soit faite de phonèmes de cette langue étrangère oubliée (au sens du refoulement), et qui pourtant est inscrite au cœur de leur être intime.

Très tôt, le bébé présente une remarquable sensibilité aux intentions communicatives des personnes qui l'entourent et une capacité certaine à les imiter. Âgé de quelques jours à peine, il répond aux stimuli ; à quelques semaines, il réagit à son prénom. À partir de six mois environ, il com-

1. *Lalangue*, écrit Lacan en un seul mot. « […] dès l'origine, il y a un rapport avec *lalangue* qui mérite d'être appelée […] maternelle parce que c'est par la mère que l'enfant […] la reçoit. Il ne l'apprend pas. […] Il est très surprenant de voir comment un enfant manipule très tôt des choses aussi notablement grammaticales que l'usage des mots "peut-être" ou "pas encore". Bien sûr l'a-t-il entendu, mais qu'il en comprenne le sens est quelque chose qui mérite toute notre attention […] Il élabore la grammaire à partir de ce qui fonctionne comme parole. » Lacan J., « Conférences et entretiens dans les universités nord-américaines », *Scilicet* 6/7, Paris, Seuil, 1976.

munique verbalement en répétant les sons. Il perçoit les contrastes vocaux de la langue maternelle et perd progressivement l'aptitude à prononcer des sons qui n'y sont jamais utilisés. C'est pourquoi il est si difficile de prononcer correctement certaines langues étrangères utilisant des sons absents de la nôtre. Les premiers mots, vers un an, sont des mots-valises qui contiennent des significations différentes selon le contexte, et appellent des réponses diverses. « Mumma » par exemple pour cette fillette de 10 mois sert à la fois à demander à manger, à désigner sa tétine, et à appeler sa mère.

Le passage à la parole

Le bébé comprend une situation globale bien avant d'en comprendre la narration, et pourtant il fera le lien à un moment ou à un autre. Il perçoit d'abord le langage dans sa totalité, mais il l'acquiert et l'utilise d'abord par le détail, élément par élément, avec un usage métonymique des sons. Un fragment va représenter la chose entière, puis, par contiguïté, un autre objet, etc. Ainsi ce bébé de 18 mois qui réclame en bruitant et en tendant la main vers elles des cerises dont il a déjà expérimenté le goût. Après avoir entendu quelque commentaire du genre : « Attends un peu que j'enlève le noyau et je te la donne », il se met à articuler nettement « yo », puis « noyau ». C'est cette désignation métonymique qui lui servira pour un temps à désigner les cerises, puis tout fruit à noyau.

La langue dite maternelle est le support du langage dans un groupe donné, un système symbolique de signes et un code, dont les règles sont propres à une communauté humaine donnée. L'enfant commence à parler sans avoir besoin d'explication sur le fonctionnement de sa langue (la syntaxe), sans en connaître les règles de fonctionnement (la grammaire) et pas davantage le sens des mots d'usage qu'il devine peu à peu selon le contexte, dans la répétition de leur apparition et de l'acte qui les accompagne. Il vérifie par essais et erreurs la pertinence des associations qu'il fait. Les mots s'apprennent, non comme dans une encyclopédie ou un dictionnaire, mais dans l'interaction avec les autres. Ce premier apprentissage par intégration est rendu possible parce qu'il est alimenté par le désir de faire comme le parent, de maîtriser l'échange, de pouvoir demander. L'enfant attrape le mot entendu, l'articule, le reproduit à l'occasion, jusqu'à obtenir la confirmation de son sens… ou la révélation de la confusion qu'il a faite.

Ce qui est compris dans l'intimité du foyer ne le sera pas à l'extérieur. Il faut donc que le bébé abandonne l'usage métonymique de la langue, typique des débuts du langage mais nécessitant la « traduction » des proches pour être compris de tout le monde. On observe couramment que ce passage suppose que la mère autant que l'enfant mettent fin à leur relation fusionnelle. Du côté de la mère, la facilité à en trouver le terme spontanément et progressivement, dépend davantage de son désir inconscient que de sa volonté déclarée. Il y a une certaine satisfaction à être la seule à comprendre son enfant…

La même nécessité se présente parfois entre enfants, par exemple au sein d'un couple de jumeaux qui n'ont utilisé pendant longtemps qu'un langage intelligible d'eux seuls.

Le bébé doit aussi s'éloigner de la matérialité sonore du babil pour s'inscrire dans des chaînes sémantiques organisées. Comme ce petit garçon de 2 ans et demi qui chantait à tue-tête : « Mon petit lapin a perdu chagrin… » au lieu de : « Mon petit lapin a bien du chagrin… » Après qu'on lui a expliqué son erreur, il rectifie : « Mon petit lapin a fait du chagrin… » Il a saisi le sens de la phrase, mais il tient à ce que l'action soit passée, lui qui à cette époque de sa vie subit avec révolte les exigences de propreté, et qui a pour habitude de déclarer, lorsqu'il est pris en flagrant délit de pipi dans sa culotte : « J'ai un petit peu de chagrin… »

La langue doit en quelque sorte être « dématernalisée » pour que le sujet puisse entrer dans le discours commun. Les multiples problèmes de l'usage du langage dans la petite enfance – bégaiement, mutisme, troubles de la parole (zézaiement, chute de syllabes, etc.) – montrent que ce passage ne se fait pas sans résistance de la part du sujet.

Michel Leiris donne dans *Biffures* un témoignage de ce moment où la langue passe à la parole, c'est-à-dire désigne une réalité partageable. C'est cependant au prix d'une perte d'intimité que le sujet entre dans l'ordre symbolique : « L'un de mes jouets […] se trouvait sous le coup d'avoir été cassé. Rapidement je me baissai, ramassai le soldat gisant […]. Il n'était pas cassé, et vive fut ma joie. Ce que j'exprimai en m'écriant : "Reusement !" […] Dans ce lieu qui n'était alors rien d'autre que celui de mon amusement, quelqu'un de plus averti me fit observer que c'est "heureusement" qu'il fallait dire. Ce mot, employé par moi jusqu'alors sans nulle conscience de son sens réel […] se rattache à "heureux" et, par la vertu magique d'un pareil rapprochement, il se trouve inséré soudain dans toute une séquence de significations précises. Appréhender dans son intégrité ce mot qu'auparavant j'avais toujours écorché prend une allure de découverte, comme le déchirement brusque d'un voile ou l'éclatement de quelque vérité. Voici que ce vague vocable, qui jusqu'à présent m'avait été tout à fait personnel et restait comme fermé, est par hasard promu au rôle de chaînon de tout un cycle sémantique. Il n'est plus maintenant une chose à moi : il participe de cette réalité qu'est le langage de mes frères, de ma sœur, et celui de mes parents. De chose propre à moi [...] il devient chose partagée, ou si l'on veut socialisée. [...] il est, entre des milliers d'autres, l'un des éléments constituants du langage, de ce vaste instrument de communication[1]. »

L'enfant n'est plus aussi passif qu'auparavant dans ce passage. Alors que les mots étaient appréhendés globalement, comme des sons ayant tous la même valeur, l'enfant se met peu à peu à les distinguer. Leur discrimination se parachève avec l'écriture qui découpe la chaîne orale, entendue, de la langue, en une série de mots bien séparés. L'enfant choisit certains mots plutôt que d'autres pour s'exprimer, et ce choix lui donne sa marque d'individu distinct et singulier. C'est avec ses propres mots qu'il s'approprie son histoire tout en étant pris dans l'histoire d'autres qui le précèdent ou l'accompagnent. Ce passage du « tu seras... » à un « je suis... » est une condition nécessaire à devenir sujet de sa parole, de son désir.

Être parlant

Parler fait de l'être humain un sujet d'énonciation, qui a la conscience de ce qu'il veut dire, l'intention de transmettre un message à un ou des interlocuteurs, mais qui peut aussi se tromper, ou bien en dire plus qu'il ne voulait, ou ne pas dire du tout ce qu'il voulait. Il peut même mentir, et même dire qu'il ment. En cela savoir parler n'est pas limité à produire des énoncés factuels (ce que l'ordinateur sait faire) ou utilitaires (ce que certains animaux communicants savent faire).

1. Leiris M., *Biffures*, *La Règle du jeu*, Paris, Gallimard, coll. « Bibliothèque de la Pléiade », 2003, p. 5-6.

Dans le psychisme la représentation de la chose anticipe la représentation du mot qui la désigne. On en a l'expérience lorsque l'on pense à un objet précis, qu'on l'imagine parfaitement, qu'on pourrait le décrire mais que l'on est incapable de retrouver son nom. L'association entre mot et chose est instable et se charge plus que d'une simple dénomination. Les mots sont accompagnés de tout un ensemble d'affects et de combinaisons d'expériences qui donnent à certains le goût de la madeleine proustienne, et en font oublier d'autres.

Par ailleurs les habitudes langagières aident ou entravent la pensée. Un usage du langage réflexif, intégrant des notions abstraites, entraîne des habitudes de réflexion et contribue à la construction du rapport au savoir des enfants. *A contrario*, la pauvreté des échanges, lorsqu'ils se limitent à des injonctions minimales ou à un usage uniquement communicatif, fonctionnel, risque d'appauvrir la pensée que les mots soutiennent.

Si le langage oral s'acquiert implicitement – et l'on voit déjà des différences dans le stock linguistique d'enfants entourés d'une richesse d'échanges verbaux et de ceux qui en sont privés – la lecture elle est explicite : elle s'acquiert souvent simplement quand l'enfant est pris très tôt dans un bain de lecture. Cependant l'école est le lieu où ces inégalités de départ peuvent être résorbées.

L'école : du savoir privé au savoir commun

De la famille à l'école

Comme nous l'avons vu précédemment, la première étape du rapport au savoir est marquée par la naissance et le déploiement du désir de savoir à partir des premières connaissances que l'enfant tire de ses expériences psychiques, de leur intégration consciente et inconsciente. Une nouvelle étape s'impose à lui avec l'entrée à l'école : l'accès au savoir propre à la société dans laquelle il vit. Cette étape est dépendante du destin de la première où le désir de savoir a trouvé ses fondements. Apprendre n'est plus spontané comme dans la petite enfance, mais orienté vers des contenus précis qu'il faut mémoriser. On rencontre des enfants qui ont une culture importante dans un domaine qui leur est familier, ou un thème qui les passionne : les volcans, les animaux préhistoriques, etc., mais qui sont incapables de retenir les leçons pourtant brèves et adaptées qu'ils doivent apprendre en classe.

À l'école, lieu collectif entièrement dédié aux apprentissages, l'enfant est directement sollicité par la nécessité d'intégrer les connaissances fondamentales, qu'elles l'intéressent ou non. Il y trouve les outils qu'on lui propose pour les acquérir. Son rapport au savoir change de nature, passant d'un savoir privé, puisé et partagé au sein d'un groupe restreint, la famille et l'environnement proche, à un savoir commun, partagé par tous. Cela ne se fait pas sans opposition ni conflits, d'autant que le savoir scolaire est imposé comme une contrainte. L'influence du milieu familial sur l'investissement scolaire est sensible. Si le jeune enfant rencontre chez lui une représentation négative du savoir, selon laquelle, par exemple, la lecture serait une occupation vaine de paresseux, il aura à franchir un interdit : vouloir savoir équivaudra à trahir sa famille, ou à tout le moins à s'approprier un objet de l'autre, de l'étranger. Le sentiment de culpabilité lié à l'autonomisation que permet l'acte d'apprendre s'en trouvera alors dédoublé : s'éloigner des parents, et voler un objet prohibé. Coincé entre deux influences, deux références, un enfant ainsi pris dans un conflit de loyauté peut décider de rester un cancre, refusant d'adhérer à des valeurs en opposition avec celles qui lui ont été transmises par ses proches. À l'inverse, dans les familles où l'instruction et le statut intellectuel sont très valorisés, les enfants peuvent être poussés vers des études longues et prestigieuses, même si cela ne correspond pas à leur souhait. Ils peuvent alors trouver là l'occasion d'exprimer leur opposition, en refusant d'apprendre, jusqu'à se trouver face à de sérieuses difficultés et à l'échec scolaire.

Quoi qu'il en soit, un enfant est toujours partagé entre ces deux sources éducatives : la maison et l'école. À ce titre, les conflits entre ses parents et les enseignants peuvent avoir sur lui des effets paralysants : à qui donner raison ? Est-il même possible de choisir une de ces autorités ? Le seul conseil à donner aux uns et aux autres serait de se faire mutuellement confiance et de s'abstenir d'interférer dans le monde de l'autre.

L'école peut être le lieu d'une rencontre avec un univers méconnu ou inconnu, le lieu d'un nouveau possible, notamment pour ces enfants dont la famille ne peut offrir un accès à la culture et au savoir. Dans *La Culture du pauvre*[1], Richard Hoggart en donne son propre témoignage. Recueilli par sa vieille grand-mère à l'âge de 7 ans après avoir perdu ses deux parents, il vit dans un milieu peu soutenant où la scolarité n'est absolument pas investie. Lui s'accroche à l'école au point d'être repéré et encouragé par ses enseignants. Il sera le seul garçon de son quartier à aller au lycée, *a fortiori* à faire une carrière de chercheur. Il attribue sa réussite à la convergence de ses capacités propres et d'une solide intégration d'un désir de savoir soutenu par des liens constructifs avec les enseignants, tout cela s'appuyant probablement sur son lien avec sa mère. Elle désirait fortement qu'il ait une vie meilleure ; lui a com-

1. Hoggart R., *La Culture du pauvre*, Paris, Éditions de Minuit, 1970.

pris que cela pouvait passer par l'instruction. Il suffit parfois que l'enfant fasse une bonne rencontre pour que le désir d'apprendre se développe.

La maternelle, première étape vers l'autonomisation

C'est avec la maternelle que l'enfant quitte un espace essentiellement privé, dont il connaît toutes les caractéristiques pour un espace collectif où il a tout à découvrir. L'enfant n'y a plus le même statut : il n'est plus l'enfant de ses parents, unique à cette place – même s'il a des frères et sœurs, il occupe une place spécifique – mais un petit parmi d'autres. Cette forme d'anonymat peut le déstabiliser, l'inquiéter. Il risque d'être un peu « perdu », comme on le dit parfois de certains. Mais cela peut aussi être pour lui une occasion d'échapper en partie à l'emprise parentale et de commencer à s'émanciper. L'entrée à l'école implique l'expérience d'une forme de solitude qui suppose que la séparation soit acceptable. Le jeune enfant ne bénéficie plus de l'entourage confortable de la famille, on ne veille plus sur lui avec la même attention ni la même exclusivité, ses doutes ne trouvent pas d'interlocuteur aussi constant que chez lui. C'est seul, sans la protection de ses parents, qu'il se confronte à l'apprentissage, à ses difficultés, à ses propres défaillances, à l'éventuelle concurrence avec les autres. Entrer dans l'école, passer le portail, c'est quitter ses parents. C'est ce qui s'avère impossible à Ernesto dans *La Pluie d'été*, qui déclare à l'instituteur : « Les enfants à l'école, ils sont abandonnés. La mère elle met les enfants à l'école pour qu'ils apprennent qu'ils sont abandonnés[1]. »

1. Duras M., *La Pluie d'été*, *op. cit.*, p. 77.

La petite Luce des « Demeurées », nouvelle de Jeanne Benameur[1], est aux prises avec un dilemme inverse : aller vers les apprentissages suppose d'abandonner sa mère qui « a suivi la petite, comme font les chiens dont on ne veut pas, de loin [...] les deux bras ballants devant l'édifice qui lui a dévoré sa petite fille, plantée devant la grille elle est restée [...] jusqu'à ce qu'une jeune femme, l'institutrice sorte et lui dise : il faut y aller maintenant ». Luce décide d'abord que « l'école ne l'aura pas » : il n'y aura aucun espace entre elle et sa mère. Puis, avec des fils offerts par sa mère, elle se met à broder des lettres, et d'abord le prénom de son institutrice dont la détermination à la faire entrer dans les apprentissages n'a jamais failli. Luce « a envie [d']écrire [le prénom] tout entier, avec le fil et l'aiguille. L'envie. Une force juste née, terrible [...] ». Pour elle, « le monde s'est ouvert ». Sans doute les fils ont-ils permis à Luce de faire le lien entre l'école et la maison, et de constater qu'apprendre ne se réduit pas à se séparer de sa mère.

Pour pallier les difficultés banales des premières séparations, la plupart des écoles maternelles – qui portent bien leur nom puisqu'elles continuent à materner l'enfant tout en l'accompagnant vers l'autonomie – acceptent que les élèves apportent avec eux leur « doudou ». Aidant à se représenter la possibilité de la séparation et à la surmonter, cet objet intime fait le lien avec la maison.

Avec la capacité d'être seul vient l'obligation à se responsabiliser, à se prendre en charge. L'année de petite section de maternelle consiste à mener les enfants vers ce minimum d'autonomie qui leur permet de reconnaître leur manteau, de ne pas oublier systématiquement leur écharpe, de ranger

1. Benameur J., *Les Demeurées*, Paris, Denoël, 2000, p. 22.

(un peu) leurs affaires, de respecter les rythmes de la vie commune. Chacun doit partager, attendre, accepter de ne plus être le centre de l'intérêt des adultes. L'enfant expérimente une vie sociale, avec les autres élèves, et devient membre d'une collectivité aux règles de laquelle il doit se plier. Toutes les activités proposées intègrent cet aspect : coins réservés à des activités précises (cuisine, poupées, lecture), tabliers obligatoires pour la peinture, présence de l'adulte imposée pour certains exercices.

L'enfant apprend non plus avec ses familiers ou sous leur regard, mais avec d'autres, qui sont d'abord des étrangers pour lui. Cela suppose qu'il ait l'autorisation de le faire, que ses proches soient attentifs à ses intérêts et/ou à ses difficultés, qu'ils acceptent de partager leur autorité, qu'ils reconnaissent une place à l'instituteur. Mais cela suppose aussi que l'enfant lui-même puisse accepter l'autorité d'autres adultes, en particulier celle de son maître. C'est l'occasion pour lui de se rendre compte que les contraintes et les limites ne viennent pas seulement des parents, et donc de se socialiser.

Il faut également que le jeune élève ait envie de recevoir des connaissances d'adultes affectivement neutres, c'est-à-dire avec lesquels il n'a pas – ou beaucoup moins – d'échanges affectifs qu'avec ses parents ; qu'il soit sorti du lien exclusif avec eux vécus comme comblants et tout-puissants. On connaît certes l'attachement des petits à leur maîtresse. Mais celle-ci est d'emblée la maîtresse de tous ; aucune exclusivité n'est possible. Son soutien est constant mais distant, il s'adresse à l'ensemble des élèves même s'il vise l'un ou l'autre en particulier lorsque c'est nécessaire. Les premiers temps, les petits sont heureux quand un de leurs parents accompagne la classe pour une sortie ou une activité. Mais en grandissant, ils apprécient de moins en moins ces interventions et tiennent à préserver cet espace qui leur est propre, avec ses activités entre pairs. Une présence trop interventionniste des parents, étendant leur regard, voire leur surveillance jusqu'en ce lieu de vie personnel risque de ne pas favoriser son autonomie d'apprenant et de le maintenir dans une passivité où il continue de s'en remettre à l'adulte qui « sait » le mieux : le parent. Or la suite du cursus scolaire requerra qu'il apprenne aussi à s'organiser dans ses devoirs, à gérer son temps, à se retrouver dans ses cahiers et livres, à faire des recherches seul, etc. En maternelle, certains enfants ont encore besoin de la présence constante d'un adulte pour les soutenir et les accompagner. Le premier travail à faire avec eux est donc de les aider à supporter la séparation et la solitude pour qu'ils parviennent à une autonomie suffisante qui leur permettra de devenir des élèves.

Si la socialisation et l'autonomisation sont essentielles à la constitution d'un chemin vers l'acte d'apprendre, les années de maternelle apportent aussi au jeune enfant un certain nombre de bases sur lesquelles il bâtira ses apprentissages ultérieurs. Les repères spatio-temporels organisent le monde dans lequel nous vivons. Les rythmes réguliers et répétés des journées aident l'enfant à intégrer la notion du temps à partir du déroulement de la journée de classe, de la suite des jours et de la répétition des semaines. Le temps n'est plus mesuré à partir d'un vécu intime (tels les « grands dodos » qui servent par exemple à compter les nuits) mais à partir d'un découpage commun à tous. De même, le jeune enfant qui, dans un premier temps, saisit les distances seulement en fonction de sa taille, va lentement acquérir la notion d'un espace qui dépasse les dimensions de son corps. Ce dernier sert de mesure avant la règle et le compas. Qui ne se rappelle sa surprise lors d'une visite nostalgique dans sa première école, à la trouver si petite alors qu'elle était immense et pleine de recoins dans ses souvenirs ? Le corps est une sorte d'étalon qui soutient les connaissances. Quand l'enfant apprend à compter sur ses doigts par exemple, il sert d'assise pour le comptage. De ce fait, le corps est un support de la pensée, ce qui se retrouve dans les systèmes symboliques : la première unité de mesure est de la longueur d'un pas, la base de la numération est le 10, soit le nombre de nos doigts.

Les activités psychomotrices proposées à l'école maternelle visent à une meilleure maîtrise de l'espace, des mouvements corporels, et aident à coordonner l'œil et la main. L'enfant en a besoin pour parvenir à une gestuelle contrôlée et efficiente, une tenue du crayon aisée, et passer ainsi du gribouillis spontané des premiers dessins au tracé des lettres. En lui apprenant à trouver son équilibre, à tomber sans se faire mal, à se détendre, ces activités contribuent aussi à instaurer un bien-être qui est le socle de toute capacité de concentration.

Le jeu, largement utilisé en maternelle, est un support d'apprentissage des formes, des couleurs, des sons notamment, mais aussi et d'abord un support d'expression. Il peut naître de n'importe quel objet. À travers lui, l'enfant exprime ses capacités imaginatives et créatrices. Et le jeu devient le support de commentaires, permettant d'étendre le vocabulaire au-delà du domaine des faits et du concret, grâce aux échanges entre enfants et avec le maître qui fournit le vocabulaire manquant, rectifie, enrichit.

Le jeu est la suite logique des activités spontanées de manipulation propres à la toute petite enfance. En faisant semblant, l'enfant met en scène son monde intérieur. Il exprime sa façon de voir et de ressentir ses relations à son environnement, aux autres. Il met en scène des situations au travers desquelles il cherche, puis découvre des solutions. C'est une façon d'apprendre par soi-même.

Quant aux dessins, ils sont eux aussi non seulement un moyen d'expression et de communication privilégié, mais également un excellent moyen de favoriser et de fixer des découvertes. Le dessin est d'abord une photographie du monde de l'enfant, de la façon dont il se voit et dont il voit ce qui l'entoure. Certaines caractéristiques peuvent témoigner d'un vécu interne angoissé : personnages méchants, couleurs sombres, traits brusques, barbouillés, utilisation massive du rouge, etc. D'autres révèlent des centres d'intérêt, voire des préoccupations et des fixations. C'est pourquoi le dessin est utilisé dans les psychothérapies avec les enfants. C'est un rébus à déchiffrer, de même nature que le langage des rêves ; un message qui arrive sous forme d'images. Un bonhomme, par exemple, donne une idée de la façon dont l'enfant se représente son corps, et il est possible d'en tirer des hypothèses sur son développement. Le bonhomme est-il complet, souriant, de proportions relativement harmonieuses ? Le dessinateur est alors supposé bien équipé pour l'aventure de la vie. Le bonhomme est-il au contraire privé de ses bras, de ses jambes, morcelé ? Il sera alors probablement difficile au dessinateur d'avancer, de se concentrer, car son vécu interne est éclaté.

Le dessin, qui repose sur l'observation et l'exploration du monde environnant, est aussi un outil d'apprentissage. L'enfant dessine d'après ce qu'il a vu et observé, d'après ce qu'il a tiré de ses expériences, d'après les livres qu'il a feuilletés. Un enfant qui dessine, c'est donc d'abord un enfant qui apprend à voir. En dessinant, il fait un bilan de ce qu'il a vu et fixe des découvertes qui vont contribuer au développement de ses aptitudes intellectuelles et à l'acquisition de connaissances.

L'accès aux apprentissages fondamentaux

Bernard Charlot, dans son livre intitulé *Du rapport au savoir*[1], rapporte une situation qu'il interprète comme un malentendu entre l'adulte et l'enfant sur le sens même du terme « apprendre ». Une institutrice demande à un garçon de 7 ans redoublant son CP ce qu'il fait quand il ne sait pas lire un mot. Il lui répond : « J'en lis un autre. » Ces mots témoignent d'une confusion entre savoir et apprendre, pour lui équivalents. Or le premier dépend du second : il faut apprendre pour savoir. Et à l'école primaire, il faut savoir apprendre et non se contenter de ce que l'on sait.

L'âge de raison, fixé traditionnellement à 7 ans, désigne l'âge de l'entrée dans le savoir universel : lecture, écriture, comptage. Le temps de la langue intime, maternelle, est définitivement passé et oublié. Si notre petit bonhomme continue à demander des noyaux à la cantine, personne ne comprendra, comme dans sa famille, qu'il veut des cerises. Il faut désormais se couler dans la langue commune et se plier à ses règles. Il y a des lois propres à l'écriture des lettres et des chiffres qui fondent un savoir constitué, commun, indiscutable pour tous les membres d'une culture donnée. Le chiffre 1 par exemple désigne l'unité, c'est incontestable. Mais le son qui lui correspond, ce qu'on entend : « un », peut entraîner des associations d'idées parce qu'il renvoie à plusieurs autres significations. Certains en resteront à son sens immédiat, le chiffre 1. D'autres feront des analogies, passeront d'un sens à un autre. Un enfant pensera : « Je suis le premier », un autre : « Je suis le seul », un autre encore : « Je suis seul ». Ces différentes associations ont une portée affective qui va jusqu'à soutenir ou

1. Charlot B., *Du rapport au savoir*, *op. cit.*

entraver l'apprentissage. Celui à qui le 1 fait penser à « Je suis seul » préférera oublier que ce chiffre existe. Or, le 1 étant le fondement du comptage, cela risque de gêner son apprentissage du calcul[1]. Tentant de comprendre la raison de certains blocages en mathématiques, Anne Siéry donne dans ses ouvrages[2] plusieurs témoignages sur l'influence du sens privé des signes sur les apprentissages. Dans une conférence, elle présente le cas de Julie, 10 ans, qui considère que le 0 représente le néant, évoque la disparition, la mort. Conséquence de cette conception, elle est incapable de comprendre l'existence des chiffres négatifs, et de faire une opération aussi simple que 10 + (– 6).

Les signes, comme les mots, doivent être détachés de leur signification trop affective, souvent inconsciente mais qui entre en jeu dans leur compréhension. Chacun en a fait l'expérience : une déclaration ne sera pas comprise de la même façon par tous ceux qui l'entendent parce que chacun écoute avec le filtre de son affectivité.

De plus les mots (signifiants) ont plusieurs significations (signifiés) possibles. Celle qu'ils prennent dans une phrase donnée ne se décide qu'au sein de celle-ci, par rapport aux autres mots qui la constituent. Lorsque nous entendons le mot « pas », nous pouvons penser au pas que nous faisons en marchant ou à l'adverbe. « Un pas sur la lune », « pas de pain ce matin », « il n'est pas là »… c'est le rapprochement et la connexion des mots entre eux qui créent du sens, au-delà de leur simple énonciation. Ainsi, bien des équivoques ne se résolvent qu'en anticipant le sens global d'une phrase ou d'un discours : « malentendu » peut

1. Pour en savoir plus sur cette question, lire les ouvrages de Stella Baruk, en particulier *Pour un apprentissage du nombre et de la numération fondé sur la langue et sur le sens*, Paris, Magnard, 1997.

2. En particulier dans Siery A., *Mathématiques, ma chère terreur*, Paris, Hachette, 2001, ouvrage accessible à tous.

s'entendre comme « mal entendu » – et désigner alors tout autre chose. Cette capacité de repérage et d'anticipation du sens permet de distinguer les mots. Quand l'enfant les écrira, il reconnaîtra les unités constitutives de la phrase, et il passera d'une écriture phonétique, parfois en flux continu, au respect de l'orthographe.

Une fois la langue maternelle parlée acquise, un apprentissage est nécessaire pour l'écrire. Il faut intégrer le fait que chaque lettre, chaque chiffre est un symbole arbitraire qui, par convention et non plus selon l'inspiration personnelle, représente tel ou tel son. Il faut passer du dessin qu'est d'abord la lettre, au son qu'elle représente. Pour ce faire, les capacités à symboliser sont requises au premier chef. Avec le passage à la lecture, les mots doivent être reconnus comme distincts. Certains enfants n'y parviennent pas et écrivent comme ils entendent le flux continu de la parole, sans césure entre les mots. L'apprentissage de la langue passe par l'abandon de la langue intime, qui s'écrit comme on l'entend, en vue d'écrire les mots selon les règles de la langue commune. Le premier écrit de l'enfant est généralement son prénom, qui représente son existence particulière, son être au monde. Puis vient l'écriture des prénoms et des mots désignant les personnes les plus investies affectivement : maman, papa, la fratrie et les copains.

Les règles d'orthographe limitent la liberté du jeune enfant dans l'usage des sons. Tout le monde n'est pas assez poète pour tirer une œuvre de ses embarras orthographiques comme Chomo, l'artiste ermite de Milly-la-Forêt, qui se qualifiait de « poète illettré » et avait fait de sa dysorthographie poème : *[...] dan ton regar le siel été si bo é lé sétoil se doré de bésé.*

Le plus souvent, les difficultés d'apprentissage de la lecture et de l'écriture révèlent une difficulté psychologique à sortir du registre imaginaire, comme c'est le cas d'Alan.

Alan est un petit garçon d'environ 8 ans, à l'allure d'elfe. Le problème est qu'il flotte dans la vie, qu'il traverse enfermé dans un monde imaginaire extrêmement riche et construit. Il est difficile de décider jusqu'où il croit à celui-ci ; lui-même ne le sait pas : « Je ne sais pas si c'est vrai et pas vrai, ça se projette avec mes yeux, je ne sais pas si c'est mon imagination ou pas. » Alan incarne tour à tour plusieurs personnages, issus de la littérature pour enfants ou bien d'émissions qu'il vient de voir à la télévision.
Cette intense vie imaginative le coupe du monde. À l'école, pas besoin d'apprendre, dit-il, puisqu'il sait déjà tout ce dont il a besoin pour sa vie rêvée. Sa culture est en effet étonnante pour un enfant si jeune, mais elle est strictement limitée au domaine dans lequel il emprunte la plupart de ses identifications successives. Voilà comment débute une des nombreuses nouvelles qu'il écrit à 8 ans : « Ingoure [un jour] dan in musé il y avé une [gardienne] qui saplé [s'appelait] polyne mé le musé été spésiale parsece [parce que] les chose bougé... »
Pour qu'il devienne l'écrivain qu'il veut être, c'est-à-dire pour pouvoir être lu par tous, il faudra qu'il réussisse à intégrer les règles élémentaires de la grammaire. Pour lui, le passage ne peut se faire qu'en se détachant de sa vie « privée », qu'en acceptant de faire la différence entre ses scénarios et la réalité.

Il faut préciser que les parents d'Alan, très soucieux d'aider leur fils, ont fait mener toutes les investigations orthophoniques et cognitives nécessaires, et qu'aucun trouble instrumental spécifique n'a été diagnostiqué. Pour ce jeune garçon, le seul « travail » à mener est psychothérapique : nouer et renouer les fils de sa pensée.

Depuis quelques années, le diagnostic de dyslexie vient recouvrir un large spectre de difficultés et de retard dans l'apprentissage de la lecture et de l'orthographe. Les études neurologiques considèrent ces difficultés comme des déficits liés à des lésions ou à un fonctionnement cérébral défaillant, sans avoir pu jusqu'à présent les repérer précisément. Un diagnostic fiable suppose d'éliminer d'abord les causes organiques, puis les causes environnementales (apprentissage raté ou impossible), et enfin les causes psychiques. Mais quelle que soit l'étiologie des difficultés identifiées, elles sont supportées par un sujet qui a un rapport précis à la représentation symbolique que mots et chiffres supposent, et c'est ce sujet qu'il s'agit de prendre en compte dans sa totalité.

Être enseigné

Les enfants, pour faire leurs les informations qui leur sont enseignées, ont besoin de sentir et d'établir un lien entre ce qu'ils doivent apprendre et ce qui constitue, ou constituera, leur vie. Ils le font avec leur *tempo* propre, certains rapidement, d'autres ayant besoin de se soutenir de vérifications. Ils ont également besoin de sentir le désir de transmettre de l'adulte, son intérêt pour ce qu'il enseigne. Le pédagogue est celui qui accompagne vers le savoir bien plus que celui qui l'inculque ; il n'est pas le propriétaire d'un savoir mais celui qui le partage et donne envie de le partager, le médiateur entre les connaissances et l'élève, celui qui réveille ou tient éveillé, dynamise, féconde le désir de savoir, mettant également à disposition des outils pour que celui-ci puisse se déployer et s'accomplir.

Sur quoi repose cette médiation puisqu'on ne peut pas simplement remplir un cerveau de connaissances ? Nous avons tous vécu des emballements passionnels à l'égard d'un professeur qui nous a donné l'envie de chercher ou d'apprendre, qui a attisé notre curiosité dans un domaine ; et le constat que certains enfants n'apprennent qu'avec certains enseignants et pas d'autres, est devenu banal. C'est que la relation de maître à élève ne peut être réduite à la transmission de contenus. Des éléments affectifs y entrent nécessairement en jeu. Érasme, au XVIIe siècle, remarquait déjà que l'intérêt pour l'étude était lié à la relation au maître.

Dès que deux personnes se parlent en effet, il y a transfert, c'est-à-dire mise en jeu non consciente d'un certain nombre de réactions, d'émotions et de scénarios de l'enfance plus ou moins oubliés. Dans une relation, chaque interlocuteur est pris dans ce mouvement et reçoit ce que dit l'autre à travers le filtre des scénarios relationnels qu'il a vécus et intériorisés au cours de son enfance. Le transfert imprègne toutes les relations interpersonnelles, mais certaines positions favorisent particulièrement son surgissement. C'est le cas de la position d'enseignant, car la relation pédagogique est dissymétrique, elle contient un rapport de force : l'élève dépend du maître. Or cette dépendance rappelle celle du tout jeune enfant à l'égard de ses parents, et pour cette raison favorise la régression et la réapparition d'émotions de la petite enfance. Il s'y rejoue alors l'intime du lien interpersonnel créé dans les relations précoces. Le transfert peut être un obstacle si le fait d'aimer ou non, d'être aimé ou non interfère trop sur le désir d'apprendre. Ce versant du transfert est dit « de reproduction ». Sur son autre versant, dit « de production », le transfert peut être un appui dans la mesure où il favorise, par imitation, le désir de savoir.

Dans le transfert de reproduction, les traces encore présentes des relations originaires sont réactivées, entraînant des affects proches de ceux qui ont été ressentis dans les expériences passées : demande d'amour, refus, colère, blocage ou indifférence, etc. Le sujet a tendance à reproduire les mêmes attitudes et réactions qu'il a eues lors de ces expériences. Il peut d'ailleurs le reconnaître : tel enseignant lui est particulièrement agréable, car il lui rappelle, par son comportement ou son discours, ou par une caractéristique plus discrète (le ton de sa voix, par exemple) un trait apprécié d'un de ses parents. Il reçoit alors volontiers son enseignement. À l'inverse, s'il lui rappelle une relation marquée par des souvenirs de contraintes, de privations, d'obligations excessives, il risque de réagir avec méfiance et réserve.

Le transfert de reproduction peut donc aussi bien favoriser qu'entraver la transmission. Il la favorise quand les affects positifs dominent, car le sujet s'efforce de répondre aux attentes prescrites : pour rester aimable aux yeux du maître, l'élève se moule sur ce qu'il pense que celui-ci pense, souvent dans une relation en miroir, et tente de faire coïncider l'image qu'il a de lui-même avec l'image idéale supportée par la figure magistrale. Cette situation présente cependant un inconvénient majeur : l'élève risque de s'en remettre totalement à l'opinion d'un autre dont il fait son idéal, comme il s'en remettait au parent qui savait tout, et faire l'impasse de sa propre capacité à avoir des opinions. Cette dimension aliénante du transfert témoigne de l'incapacité à destituer les figures parentales de leur toute-puissance. Le transfert de reproduction permet certes d'échapper au doute, et même à l'inhibition puisque le sujet trouve des réponses toutes prêtes, mais c'est au prix de son esprit critique, et il faut souvent qu'un événement le déloge de cette position pour qu'il en prenne conscience.

Il en va ainsi pour Aliénor, née après un garçon qui dès son plus jeune âge a eu un comportement si difficile à la maison que les adultes, pour ne pas être en conflit permanent avec lui, ont souvent cédé à ses volontés. Ils ont laissé cet aîné dominer sa cadette tout en disant à celle-ci de ne pas se laisser faire, conseil paradoxal puisqu'eux-mêmes s'en avéraient incapables. Aliénor s'est ainsi trouvée « livrée » à la toute-puissance de son frère.

Devenue jeune adulte, elle reproduit cette situation avec son premier amoureux et, partagée entre un désir d'émancipation et une dépendance, elle se laisse diriger par lui. C'est cet ami qui choisit les études qu'elle engage. À la suite de l'échec fracassant de sa première année de faculté, inattendu pour une jeune fille qui semblait motivée et compétente, Aliénor évoque avec une amie de promotion la relation d'assujetissement qu'elle continue d'entretenir avec son frère. C'est à la suite de l'association qu'elle fait à cette occasion entre son échec et sa position répétée de soumission qu'elle décide de s'adresser à un psychanalyste.

Quand ce sont les affects négatifs qui dominent le transfert de reproduction, l'élève peut adopter une position de refus par rapport à tout ce qui vient de l'enseignant. C'est, croit-il, l'occasion pour lui de restaurer imaginairement un peu du pouvoir qu'il a perdu avec l'abandon de la toute-puissance infantile. Il va se saisir de la possibilité d'opposition que lui offre la situation de dépendance en refusant le savoir qui lui paraît imposé, comme il avait refusé les exigences parentales.

C'est le cas de cet enfant qui refuse les consignes scolaires proposées par son institutrice tout comme, depuis la naissance tardive de ses frères, il refuse toute demande venant de sa mère avec une agressivité ouverte. Cet entêtement dans le refus le mène à l'échec scolaire. Pour débloquer la situation, il faudra qu'il passe par l'analyse et la remise en question de son rapport exclusif et abusif à sa mère.

La deuxième fonction du transfert n'est plus une simple reproduction qui entraîne, aux extrêmes, assujettissement ou rébellion, mais une production, qui provoque un désir actif et constant d'apprendre, et non plus soumis aux aléas du ressenti comme c'est le cas dans le transfert de reproduction. Le désir de savoir du maître crée, en l'élève, un écho qui entraîne une mise à l'œuvre de son propre désir de savoir. Il s'agit finalement d'un transfert de désir. Il facilite la production d'un travail propre au sujet, sous l'impulsion non de l'amour du maître mais de l'amour du savoir lui-même ; non de la recherche de reconnaissance, ce que produit le transfert-répétition, mais de celle de la connaissance.

De fait, la transmission dépend beaucoup de la position subjective de celui qui est chargé de communiquer les connaissances, savoir aussi bien que savoir-faire. Tout le monde a vécu la différence entre l'attention accordée à la dictée monotone d'une leçon et celle réveillée par un discours vivant, animé, riche de références, d'exemples et d'illustrations. Dans ce dernier cas, le maître transmet d'abord son intérêt pour le sujet qu'il traite. Et il le propose à la discussion, au jugement de ses interlocuteurs ; il favorise la controverse, les exercices de déconstruction d'une thèse. Il module sa pensée dans l'interaction, il pense tout en énonçant, il parle d'une place où il est lui aussi enseigné par les échanges avec ceux qui l'écoutent. Il a un propos ouvert, pas un discours magistral ou même dogmatique, clos. Il a le souci d'amener ceux qui l'écoutent à penser par eux-mêmes. Pour cela, il est nécessaire qu'il ne se présente pas comme détenant la vérité absolue mais au contraire qu'il laisse percevoir ses failles, l'incomplétude de ses connaissances et leur relativité. Les meilleurs maîtres sont ceux qui aiment ce qu'ils enseignent, apprécient de partager leur intérêt et réussissent ainsi à le susciter chez l'élève. Or ces qualités, dépendantes du désir propre du maître, ne s'enseignent pas, elles se manifestent, ou non… Un maître « suffisamment bon » laisse place à la dialectique, l'art du dialogue. Dans le fond, il rejoint la position du maître socratique qui fait « accoucher » l'enseigné, par raisonnements déductifs successifs, d'un savoir qu'il possède déjà. Un maître bardé de certitudes évoque la représentation d'un personnage tout-puissant, redouté autant qu'admiré, comme le sont les adultes tutélaires de la petite enfance. Une telle figure de détention du savoir risque plus de sidérer que de transmettre.

La faculté d'apprendre dépend de la façon d'enseigner. Ce qui se transmet est avant tout le désir et le goût de la recherche, ce qui suppose que le maître en fasse preuve. Et le meilleur moteur est la curiosité spontanée de l'enfant.

CONCLUSION

Le savoir est à prendre

Nous l'avons vu, les premières conditions de l'acte d'apprendre, de prendre le savoir, reposent sur d'une part la libre circulation de l'énergie psychique, d'autre part le désir d'orienter celle-ci vers les objets du savoir. L'activité cognitive d'un sujet a surtout à faire avec la logique de son inconscient.

En guise de conclusion, l'histoire de Ninon illustre bien la complexité du rapport au savoir que nous avons tenté d'exposer, et la façon dont elle conditionne les apprentissages. Cette fillette de 13 ans rencontre en effet dans sa vie d'enfant et d'écolière à peu près tous les facteurs qui peuvent y faire obstacle.

> *Ninon est suivie depuis le CE2 pour des difficultés d'apprentissage et une réticence à aller à l'école qui se traduit par un absentéisme important. Elle n'a accès qu'au savoir qu'elle va chercher elle-même. Elle est en revanche sidérée lorsqu'il lui est demandé de faire la démonstration de ce qu'elle sait. Ses évaluations scolaires sont de ce fait très mauvaises, et ses résultats tantôt plutôt bons, tantôt très en dessous du niveau requis, ce qui fait d'elle une élève atypique et inclassable. Elle alimente ainsi l'inquiétude de sa mère à laquelle sa propre angoisse d'échec fait écho, et l'indifférence de*

son père qui la considère avec constance comme une incapable. Cependant, elle travaille suffisamment pour passer chaque année dans la classe supérieure, ses enseignants successifs ayant tous estimé qu'elle a un niveau suffisant et qu'un redoublement serait inutile. Un bilan psychopédagogique confirme cette constatation. Ninon sait mais ne sait pas, ou ne veut pas montrer qu'elle sait. Elle peut à l'occasion témoigner à la fois de sa curiosité intellectuelle (elle navigue beaucoup sur Internet pour la satisfaire), et de l'étendue de ses connaissances (elle se souvient de ce qu'elle découvre). Ninon, tout comme Ernesto, ne consent à savoir que ce qu'elle apprend et prend par elle-même.

Comment se présentent pour Ninon les éléments qui entrent en jeu dans le rapport au savoir :

– le contexte socioculturel : elle vit dans une commune isolée, offrant peu d'ouverture sur la culture, et dans un milieu absorbé par les difficultés économiques où les échanges sont limités au nécessaire.

– le contexte familial : le savoir est considéré par sa mère comme inaccessible, et par son père comme le fruit de la seule volonté. Madame a dû quitter très tôt l'école pour aider sa famille aux tâches domestiques et à l'éducation des plus jeunes. Le dernier de la fratrie est le seul à avoir pu faire des études longues et à avoir gravi des échelons sociaux. La mère de Ninon, qui admire ce jeune frère, regrette de n'avoir pu faire comme lui et ravale avec peine son reproche à l'égard de ses parents. Celui-ci se devine cependant lorsqu'elle me déclare : « Mes parents ont fait tout ce qu'ils pouvaient », ce qui sous-entend qu'ils ont fait peu pour elle. Serait-ce, se demande-t-elle, du fait de la différence des sexes et non de son rang de puîné que le garçon a été mieux loti ? Son agressivité se retourne en affect dépressif : elle pleure à ces évocations autant qu'elle pleure lorsqu'elle parle du refus scolaire de Ninon. Probablement que de n'être pas au clair avec son propre rapport au savoir, dont elle estime finalement avoir été privée au profit du sexe dit fort, lui rend difficile la transmission du désir d'apprendre.

Ninon peut-elle prendre ce dont sa mère a été privée sans devenir à son tour persécutrice ? Elle est écartelée entre deux injonctions contradictoires : celle qui s'exprime de façon consciente : il faut bien travailler à l'école pour réussir sa vie ; et celle qui reste sous-entendue : réussir n'est donné qu'aux garçons et se fait aux dépens d'une femme, voire aux dépens de la féminité.

Notons une nouvelle fois à cette occasion que la volonté exprimée, consciente, n'est pas toujours totalement conforme au désir inconscient, loin s'en faut. Tel père déclarera qu'il ne veut en rien reproduire la situation qu'il a connue enfant, moyennant quoi, par des voies pourtant radicalement opposées, il se retrouve avec son enfant à peu près dans le même type de relation que celle qu'il a vécue lui-même avec ses parents. Or c'est avant tout à la demande implicite, à l'insistance des désirs masqués que l'enfant est sensible. Et combien de parents, regrettant ouvertement les difficultés de leur enfant, lâchent à un moment ou à un autre (en général en fin d'entretien), avec un sourire de satisfaction à peine dissimulé : « J'étais comme cela petit » ou : « Il est comme moi à son âge », faisant du trait d'échec une condition identitaire de filiation, un trait d'idéal – paradoxal certes. Cela n'échappe pas à leur progéniture qui s'empresse d'adopter ce trait afin d'être reconnu ou de ne pas risquer d'être rejeté.

Revenons à Ninon, et à sa relation avec son père. Celui-ci préfère emmener sa fille avec lui à la corrida plutôt que se préoccuper des difficultés qu'elle rencontre. Si elle déclare adorer cette activité, seul moment d'échanges que son père lui propose, elle finit par laisser échapper que la mise à mort la dérange fortement : « J'aime pas qu'on tue des animaux mais j'aime la corrida. » Une affirmation on ne peut plus contradictoire qui présente la même contradiction que ce que Ninon interprète du message maternel : il faut – et il ne faut pas – réussir à l'école.

Enfin, la position psychologique de Ninon entre de façon importante dans ses difficultés. Elle est engluée vis-à-vis de ses parents dans une demande de reconnaissance qu'elle n'arrive pas à satisfaire. Elle fuit dans des rêveries où elle se donne un meilleur rôle, a des ambitions tout à fait inadaptées par rapport à ses résultats actuels, au point que les cliniciens qui l'aident s'inquiètent de son rapport à la réalité : jusqu'où en est-elle « débranchée » ? La réponse viendra lorsqu'au lieu de son habituelle indifférence apparente, elle affichera une réelle détresse, qu'elle déclarera liée au sentiment de son insuffisance. Quand il s'agit, comme pour Ninon, de réparer le dommage maternel en réussissant les études que cette dernière n'a pu mener, les difficultés scolaires sont vécues comme une nouvelle atteinte portée à la mère. Le sentiment d'échouer à redonner par procuration à celle-ci la fierté de la réussite, de la décevoir, voire de l'agresser indirectement, a démobilisé Ninon qui s'est réfugiée dans des fictions de réussite imaginaire.

À l'adolescence Ninon présente un tableau dépressif, se dévalorisant et renonçant à s'accrocher comme elle le devrait pour rattraper son retard scolaire. Avec des projets démesurés – elle veut devenir exploratrice, ce qui signale que son désir de savoir est toujours vivace –, elle essaie de se protéger d'une autodévalorisation profonde. Exploratrice : ce qu'elle veut chercher est donc très loin... Souhaitons que cette jeune fille puisse un jour le trouver.

Les profondes mutations du contexte socio-économique

entraînent dans leur sillage des glissements des valeurs intrinsèques à l'existence. Le rapport au savoir n'échappe pas à ces transformations. L'efficacité pratique, immédiatement opérationnelle, trouve plus facilement place dans un monde orienté par les lois du marché que la réflexion lente et approfondie. Des pans entiers de connaissances pourtant indispensables à la compréhension d'événements contemporains sont totalement ignorés, leur transmission négligée, leur acquisition considérée comme inutile. Le langage n'échappe pas à cette réduction contemporaine. Il se cantonne de plus en plus à sa fonction de communication, à une parole qui vise à faire agir, et par là même de plus en plus appauvrie et limitée.

La prise en compte des difficultés d'apprentissage suit la même voie réductrice. Les difficultés associées aux échecs scolaires sont qualifiées de « dysfonctionnements » liés à des « troubles » censés expliquer tout achoppement sur le chemin de l'apprentissage. Chacun d'eux trouverait un remède spécifique. C'est prendre le problème à l'envers : ces troubles sont des conséquences d'un état psychologique et non des causes. Les considérer comme les causes des difficultés d'apprentissage, et ne traiter qu'eux, c'est réduire le sujet à du vivant formaté selon des normes imposées.

Ce n'est pas un hasard, mais une véritable nécessité de civilisation, si le devoir de mémoire est devenu si impérieux. Ce n'est pas qu'un souci de pénitence, mais bien plus un souci de transmission. Que la parole circule de génération en génération garantit l'acte de séparation, empêche mère et enfant de jouir en rond, nomme chacun à sa place, permet à l'enfant de grandir dans son désir propre. Dans cette perspective, nous sommes tous responsables de l'avenir de la civilisation.

Bibliographie

AUMONT Bernadette, MESNIER Pierre-Marie, *L'Acte d'apprendre*, Paris, L'Harmattan, 2005.

AUZOU Martine, *Une société sans exclusion : l'école*, Lyon, Parangon/Vs, 2010.

BARBERY Muriel, *L'Élégance du hérisson*, Paris, Gallimard, 2006.

BARUK Stella, *Comptes pour petits et grands*, Paris, Magnard, 1997.

BEILLEROT Jacky, BLANCHARD-LAVILLE Claudine, MOSCONI Nicole (sous la direction de), *Pour une clinique du rapport au savoir*, Paris, L'Harmattan, 1996.

BERGÈS Jean, BERGÈS-BOUNES Marika, CALMETTES-JEAN Sandrine (sous la direction de), *Que nous apprennent les enfants qui n'apprennent pas ?*, Paris, Érès, 2008.

BOIMARE Serge, *L'Enfant et la Peur d'apprendre*, Paris, Dunod, 1999.

CHANGEUX Jean-Pierre, *Du vrai, du beau, du bien, Une nouvelle approche neuronale*, Paris, Odile Jacob, 2008.

CHARLOT Bernard, *Du rapport au savoir, Éléments pour une théorie,* Paris, Anthropos, [1997] 2005.

CORDIÉ Anny, *Les Cancres n'existent pas*, Paris, Seuil, 1993.

DEHAENE Stanislas, *Les Neurones de la lecture*, Paris, Odile Jacob, 2007.

DURAS Marguerite, *La Pluie d'été*, Paris, P.O.L., 1990.

Freud SIGMUND :

(1895) « Esquisse d'une psychologie scientifique », in *La Naissance de la psychanalyse*, Paris, PUF, 1979 ;

(1905) *Trois Essais sur la théorie sexuelle*, Paris, Gallimard, 1987 ;
(1908) « Les théories sexuelles », in *La Vie sexuelle,* Paris, PUF., 2002 ;
(1908) « Le roman familial du névrosé », in *Névrose, Psychose et Perversion*, Paris, PUF, 2002 ;
(1909) « Le petit Hans », in *Cinq Psychanalyses*, Paris, PUF, 1999 ;
(1910) *Souvenir d'enfance de Léonard de Vinci*, Paris, Gallimard, 1997 ;
(1914) « Sur la psychologie du lycéen », in *Résultats, Idées, Problèmes I*, Paris, PUF, 1991 ;
(1915) « Ceux qui échouent devant le succès », in *Essais de psychanalyse appliquée,* Paris, Gallimard, 1971 ;
(1915) « Pulsions et destins des pulsions », in *Métapsychologie,* Paris, Gallimard, 1971 ;
(1915) « Deuil et mélancolie », in *Métapsychologie,* Paris, Gallimard, 1971 ;
(1917) « Un souvenir d'enfance dans *Fiction et Vérité* de Goethe », in *Essais de psychanalyse appliquée,* Paris, Gallimard, 1971 ;
(1925) *Inhibition, Symptôme, Angoisse,* Paris, PUF, 1990 ;
(1925) « La négation », *Résultats, Idées, Problèmes II*, Paris, PUF, 2002.

HATCHUEL Françoise, *Savoir, Apprendre, Transmettre*, Paris, La Découverte, 2005.

HOURST Bruno, *J'aide mon enfant à mieux apprendre*, Paris, Eyrolles, 2008.

LACAN Jacques, *Écrits*, Paris, Seuil, 1966, en particulier « Introduction et réponse au commentaire de Jean Hyppolite sur la *Verneinung* de Freud » ;
Autres Écrits, Paris, Seuil, 2001, en particulier « Allocution sur l'enseignement » ;
Le Séminaire, en particulier :
Livre XI, Les Quatre Concepts fondamentaux de la psychanalyse, Paris, Seuil, 1973, leçons 13 à 15 ;

Livre XII, Problèmes cruciaux pour la psychanalyse (np) ;
Livre XVI, D'un Autre à l'autre, Paris, Seuil, 2006, leçon 12.
LAPIERRE Nicole, *Pensons ailleurs*, Paris, Stock, 2004.
MENÈS Martine, *La « Névrose infantile », un trauma bénéfique*, Paris, Éditions du Champ lacanien, 2006.
PENNAC Daniel, *Chagrin d'école*, Paris, Gallimard, 2008.
RANCIÈRE Jacques, *Le Maître ignorant*, Paris, Fayard, 1987.
ROREY Roger, *Le Désir de savoir*, Paris, Denoël, 1988.
SIERY Anne, *Mathématiques, ma chère terreur*, Paris, Hachette, 2001.
SOLER Colette, *L'Époque des traumatismes*, Rome, Biblink editori, 2004.
SPITZ René A., *Dialogues from infancy : selected papers (1945-1972)*, Madison (É. U.), International Universities Press, 1983.
TIJUS Charles, *Introduction à la psychologie cognitive*, Paris, Nathan Université, 2001.

Revues

La Lettre de l'enfance et de l'adolescence, Revue du Grape, Érès, en particulier :
« L'enfant et les savoirs », n° 27, mars 1997 ;
« De l'enfant triste à l'adolescent déprimé : les soleils noirs de l'enfance », n° 36, juin 1999 ;
« Les voies de la transmission », n° 50, décembre 2002 ;
« L'enfant, les livres, l'écrit », n° 61, septembre 2005 ;
« L'enfant en terre étrangère », n° 70, décembre 2007.

Table

RÉALISATION : NORD COMPO MULTIMÉDIA À VILLENEUVE-D'ASCQ
IMPRESSION : CORLET NUMÉRIQUE À CONDÉ-SUR-NOIREAU
DÉPÔT LÉGAL : SEPTEMBRE 2012. N° 96012-5 (103600)
IMPRIMÉ EN FRANCE